CRAQUANTE SALADE

David Bez

CRAQUANTE SALADE

Réinventez vos dîners
en moins de 20 minutes

LES ÉDITIONS DE
L'HOMME

Une société de Québecor Média

Pour ma maman.
Pour ma famille.

Maquette et photographies : David Bez

Publié pour la première fois au Royaume-Uni,
en 2014, par Quadrille Publishing Ltd.
Titre original : *SaladLove*

Textes © David Bez
Photographies © 2014 David Bez, sauf la photographie
de la page 30 © 2014 Michele Turriani
Maquette et mise en pages © 2014 Quadrille Publishing
Limited

Pour le Québec :
© 2014 Les Éditions de l'Homme,
division du Groupe Sogides inc.,
filiale de Québecor Média inc.
(Montréal, Québec)

Traduction : Cécile Giroldi.
Tous droits réservés.
© 2015, Hachette livre (Hachette Pratique) pour la traduction
et l'édition françaises.

Dépôt légal : 2015
ISBN : 978-2-7619-4155-6
Imprimé en Chine

DISTRIBUTEUR EXCLUSIF :
Pour le Canada et les États-Unis :
MESSAGERIES ADP inc.*
2315, rue de la Province
Longueuil, Québec J4G 1G4
Téléphone : 450-640-1237
Télécopieur : 450-674-6237
Internet : www.messageries-adp.com
* filiale du Groupe Sogides inc.,
  filiale de Québecor Média inc.

Gouvernement du Québec – Programme de crédit d'impôt pour
l'édition de livres – Gestion SODEC www.sodec.gouv.qc.ca

L'Éditeur bénéficie du soutien de la Société de développement
des entreprises culturelles du Québec pour son programme
d'édition.

 Conseil des Arts Canada Council
du Canada   for the Arts

Nous remercions le Conseil des Arts du Canada de l'aide
accordée à notre programme de publication.

Nous reconnaissons l'aide financière du gouvernement du
Canada par l'entremise du Fonds du livre du Canada pour nos
activités d'édition.

SOMMAIRE

INTRODUCTION

CECI N'EST PAS UN LIVRE DE RECETTES   6

1 000 DÎNERS AU BUREAU   8

COMPOSER UNE SALADE   12

ASSAISONNEMENTS   24

MES USTENSILES   28

DES SALADES TOUTE L'ANNÉE   30

ÉTÉ   32

AUTOMNE   100

HIVER   166

PRINTEMPS   232

INDEX   300

REMERCIEMENTS   304

CECI N'EST PAS UN LIVRE DE RECETTES

Je ne suis pas un grand chef, mais un designer et un gourmet élevé à Milan. Dans ce livre, je vous explique pourquoi j'aime les salades, ce qui m'a poussé à en préparer une chaque jour et comment vous pouvez faire de même. Il ne s'agit pas d'un livre de recettes. Je donne simplement la composition des salades que j'ai préparées et dégustées. Je ne suis pas non plus un photographe spécialisé en cuisine. J'ai réalisé ces salades pour mon dîner et les ai photographiées. Je les ai faites au bureau où je dispose d'une heure (parfois d'une demi-heure) pour le repas de midi, comme beaucoup de gens. Il est bien sûr possible d'acheter de la nourriture dans la rue, d'aller au restaurant (mais c'est cher) ou de prendre un plat tout prêt au supermarché (qui ne sera jamais aussi frais que souhaité). Je voulais un repas équilibré, frais, savoureux et vite préparé, ce qui n'est pas si simple. J'aime la bonne chère et suis assez difficile, mais je ne suis pas le seul dans ce cas. Pour tous ceux qui travaillent de 9 h à 18 h, la pause de midi est souvent l'occasion de récupérer, rarement un plaisir. Je ne vois pas les choses ainsi. En raison sans doute de mes origines italiennes, je refuse de manger des mets qui ne sont pas frais.

En outre, je ne fais pas confiance à la façon dont les magasins et supermarchés choisissent et conditionnent leurs aliments «sains». Je veux connaître la provenance et le mode de fabrication de ces derniers. Je ne veux pas qu'ils contiennent de substances chimiques étranges ou que ce soient de faux produits «sains», comme certains yogourts ou céréales allégés mais très sucrés.

Je lis beaucoup sur la nutrition, sur l'importance de consommer des produits de saison, les propriétés des divers ingrédients, la cuisine végétarienne ou végétalienne, le pH du sang, les produits de la ferme, les produits bio, etc. Je comprends mieux les problèmes liés à l'alimentation, mais parfois je m'interroge encore (le lait de soya, par exemple, est-il bon ou non pour moi?). Tout le monde semble d'accord pour dire qu'il faut manger plus de céréales, de fruits frais et de légumes, parce que c'est meilleur non seulement pour la santé, mais également pour la planète. C'est aussi simple que cela!

Et puis, j'ai un autre principe: après mon repas, je veux me sentir requinqué et prêt à travailler. Si je suis fatigué et somnolent, c'est que je n'ai pas bien dîné. En outre, j'essaie toujours – dans la mesure du possible – d'acheter des produits bio, issus du commerce équitable et de la région. Pourquoi? En tant que père, je suis soucieux de l'avenir de mon fils et puis, même si cela peut paraître présomptueux, je pense qu'en changeant nos habitudes alimentaires, nous pouvons influer sur notre environnement. Nos choix nous permettent de vivre dans un monde meilleur.

1 000 DÎNERS AU BUREAU

Pour que mon repas soit équilibré et frais, j'ai donc décidé de le préparer sur mon lieu de travail. Pour cela, il fallait qu'il soit suffisamment simple. Vous me direz qu'il n'y a pas grand-chose que l'on puisse cuisiner au bureau, surtout si l'on déteste le four à micro-ondes, ce qui est mon cas. Je n'ai jamais aimé l'idée de réchauffer un plat dans une boîte en plastique. J'aime cuisiner mais, dans un bureau, ce n'est pas facile. Aussi ai-je dû trouver un compromis : apporter quelques ingrédients – ceux qui étaient frais ou déjà cuits (les restes du souper de la veille, par exemple) – au bureau et les mettre au réfrigérateur, et en préparer d'autres avec une bouilloire (voire de l'eau chaude).

Le lundi matin, je me suis mis à faire des courses pour la semaine, et même davantage, afin de parer à toute éventualité, en choisissant des produits de saison et en improvisant plus ou moins selon mon humeur. Le vendredi après-midi, je rapportais les restes chez moi. Au travail, je conservais les ingrédients frais dans le réfrigérateur commun, en monopolisant tout un rayon (mes collègues m'ont probablement pris en grippe pour cela). J'ai également transformé un tiroir de mon bureau en placard, en y mettant des ustensiles essentiels : une planche à découper, un couteau propre, une petite essoreuse à salade, un ouvre-boîte, des haricots en conserve, des fruits à coque et secs (que je grignotais aussi dans la journée).

Chaque jour, à midi, mon bureau se métamorphosait en cuisine, ce qui a parfois causé quelques désagréments. Ainsi, un jour, après avoir découpé des betteraves, je me suis retrouvé avec les mains «en sang» juste avant une réunion. À présent, je ne manipule plus de produits aussi dangereux (!) sans gants.

Je me détends en hachant, mélangeant, épluchant et rinçant les aliments. La pause de midi est devenue un moment de relaxation. Ce n'est pas seulement dû au fait de préparer et de manger ma salade, mais au plaisir de sentir le parfum des ingrédients et leur saveur. Vous éprouvez une certaine plénitude à rester silencieux et concentré tandis que vos mains travaillent. Vous oubliez tout pendant 15 minutes. La cuisine est une expérience sensorielle très riche. Hormis la question des couleurs et des formes, elle offre de nouvelles expériences grâce au mélange inhabituel de textures, de goûts, d'arômes et de couleurs. Je me sers de mon imagination pour faire de chaque déjeuner une aventure culinaire.

Quand je me suis mis à faire ces salades équilibrées et nourrissantes, mes collègues, séduits par l'idée, me demandaient : «Qu'est-ce que tu prépares?» ou s'exclamaient : «Ça sent bon le basilic!» Ils étaient tous fascinés par mes fantaisies culinaires. J'ai alors pensé que mes recettes pouvaient intéresser un plus large public et me suis mis à photographier mes plats et à les publier sur mon blogue. Cela fait maintenant trois ans que j'ai commencé à créer une nouvelle salade chaque jour. Trois ans! J'ai du mal à croire que j'ai composé autant de salades – certaines vraiment délicieuses, d'autres bonnes, d'autres... J'ai beaucoup appris et me suis perfectionné. Il m'a fallu trois ans pour trouver la formule magique. Je voulais prouver que je pouvais préparer un repas sain au travail, et souhaitais aussi que mes plats soient savoureux, sophistiqués et complets. Je crois que j'y suis parvenu; à vous de décider.

Quand je me suis lancé dans ce projet, je ne savais pas ce que j'allais préparer. Je ne faisais pas de régime. Je n'avais pas besoin de maigrir. Je voulais me nourrir sainement, mais aussi que mon repas soit riche en saveurs. J'ai donc commencé par faire des essais et j'ai vite réalisé que je faisais des salades. Comment est-ce arrivé? Étant donné mes obligations, mon repas devait être constitué d'ingrédients froids, souvent des légumes frais ou cuits à l'avance, puis assaisonnés.

J'aime utiliser des ingrédients très simples. J'ai découvert que moins il y en a, meilleure est la salade. Je préfère pouvoir identifier ce qu'il y a dans mon assiette. Lorsque les ingrédients sont trop nombreux ou hachés trop finement, le plat a une seule et unique saveur. Par commodité, j'ai pris des ingrédients de supermarché, ajoutant parfois quelque chose de plus original, de plus inhabituel et inattendu ou seulement d'un peu plus cher, comme de l'huile parfumée à la truffe, du safran ou du caviar.

J'ai essayé de fixer des règles : plus de salade verte et moins de viande, plus de légumes ou de fruits et moins de fromage, plus de haricots et moins de féculents, plus de fruits à coque et moins de sel. Dès que je formulais une règle, j'avais envie de la modifier ou d'y déroger. Je l'ai souvent fait. Néanmoins, au départ, il est bon d'en suivre quelques-unes.

1. La base

1.

2. Les fruits et les légumes

2.

3. Les protéines

3.

4. Les garnitures

5. Les herbes fraîches

6. Les sauces et les épices

4.

5.

6.

COMPOSER UNE SALADE

Pour composer une salade, j'emploie différents types d'ingrédients. Je mets d'abord ceux qui forment la base de ma salade, puis les légumes et les fruits, les protéines, la garniture, la sauce et les épices. Il s'agit des principaux ingrédients mais, comme vous le verrez, il en manque souvent un (parfois deux). C'est à vous de les choisir. Il suffit ensuite de les assembler. J'ai fait la liste de ceux qui entrent dans la composition de chaque salade, sans donner d'instructions.

Si vous êtes végétarien, végétalien ou crudivore, prenez soin d'acheter les aliments qui vous conviennent. J'ai inclus beaucoup de fromages dans les salades végétariennes. En effet, certains végétariens en mangent et il y a de plus en plus de fromages sans présure disponibles, mais n'hésitez pas à les remplacer. Les crudivores doivent vérifier que les fruits à coque et les fruits secs ont été traités à la bonne température.

Les ingrédients de base constituent 50 % de la salade – en volume et non en poids, car les feuilles de salade verte sont très légères –, mais il peut aussi y avoir des pâtes, des céréales, des pommes de terre, des carottes râpées ou des courgettes découpées en rubans.

La salade est aussi composée à 25 % de légumes ou de fruits, de préférence frais et crus, ou grillés, cuits à la vapeur, à l'eau, voire séchés, comme les tomates, ou conservés dans de l'huile d'olive, comme les tomates, les poivrons ou les aubergines.

Il faut aussi qu'elle contienne des protéines. Il y en a dans la viande, mais également dans un grand nombre d'aliments (voir page 19). Pour qu'une salade soit équilibrée, elles ne doivent pas prédominer, mais ajouter de la saveur.

Pour rehausser le goût de votre salade et lui donner plus de texture, incorporez aussi des légumes marinées, des olives, des croûtons, des fruits à coque et des graines grillées. Une poignée (environ 2 cuil. à soupe) suffira.

Parsemez ensuite le tout d'herbes fraîches, et ajoutez l'assaisonnement. Ne sous-estimez jamais l'importance de ce dernier. Il joue le même rôle que la sauce des pâtes et transforme un mélange de légumes en festin.

1. LA BASE

Les feuilles de laitue verte sont les éléments de base d'une salade. D'ailleurs, ce sont elles qui viennent à l'esprit lorsqu'on parle de «salade». Les variétés sont nombreuses : laitue iceberg (qui n'est pas ma préférée), trévise amère, romaine douce, jeunes pousses d'épinards, feuille de chêne rouge, mâche ou cresson de fontaine épicé.

J'apprécie leur texture croquante et leur fraîcheur agréable. En hiver, j'utilise le chou, le pak-choï, le chou frisé ou les bettes aux feuilles craquantes et épicées. Pour que ces dernières soient plus tendres, lavez-les à l'eau tiède ou ajoutez du jus de citron. Il est aussi possible de hacher finement le chou-fleur, ou de détailler les carottes, les courgettes, les panais, les concombres et les asperges en fins bâtonnets ou encore en rubans. Il suffit pour cela d'un économe, d'une râpe ou d'une mandoline. Le résultat est superbe ! J'ai puisé ces diverses méthodes dans la cuisine végétalienne. Nettoyez ou épluchez les légumes avant de les couper.

Les céréales sont nourrissantes, ajoutent de la texture et sont délicieuses. Elles font partie des rares ingrédients que je prends chez moi pour les apporter au bureau. Quand je fais cuire des pâtes, du riz, du quinoa ou une autre céréale pour le souper (et cela arrive très souvent), j'en prépare toujours un peu plus que nécessaire pour le lendemain. Je les laisse refroidir, puis je les conserve au réfrigérateur, en les arrosant d'un filet d'huile d'olive pour qu'elles ne collent pas. J'aime le riz blanc, mais les salades me paraissent meilleures avec des variétés moins collantes, comme le riz complet, le riz rouge, le riz noir et le riz sauvage. L'orge, l'épeautre et le quinoa sont également excellents. Je raffole du couscous. Comme nous n'en mangions jamais en Italie, cela a été une découverte fantastique pour moi, comme toutes les céréales et les épices du Moyen-Orient. Au bureau, je faisais tout le temps du couscous. C'est aussi simple à faire que du thé ! Je prenais une grande tasse, j'en remplissais un tiers de couscous, j'ajoutais une pincée de sel et un peu d'huile d'olive, recouvrais le tout d'eau bouillante et plaçais un torchon sur le dessus avant de laisser reposer 5 à 10 minutes.

2. LES FRUITS ET LES LÉGUMES

Ils doivent constituer 25 % de votre salade, pas seulement parce qu'il est conseillé d'en manger au moins cinq par jour, mais parce qu'ils sont bons, ont du goût et regorgent de couleurs, de vitamines, de minéraux et de fibres. Habituellement, j'introduis deux légumes ou deux fruits dans mes salades pour créer un peu de variété. Cependant, je peux en mettre plus ou moins. Je préfère les gros morceaux car j'aime bien sentir le goût des ingrédients et les reconnaître à chaque bouchée.

Lorsque c'est possible, j'utilise des légumes crus pour qu'ils gardent leur saveur et leur valeur nutritionnelle, ainsi que leurs vitamines. Les fruits sont du plus bel effet dans une salade et se marient bien avec le fromage. J'aime en mélanger deux. J'adore aussi associer des légumes crus et des fruits. Il en résulte souvent des combinaisons intéressantes et exotiques ! L'avocat, par exemple, peut avoir un effet très différent dans une salade, selon qu'il est ferme ou mou et crémeux, jouant alors presque le rôle de vinaigrette.

Mes salades ne comprennent jamais de fruits cuits. Ce ne sont pas des gâteaux ! En revanche, j'adore ajouter des fruits secs, mais j'en parlerai dans la partie consacrée aux éléments de garniture, page 21. Vous pouvez aussi faire cuire des légumes à la vapeur. Habituellement, je le fais la veille pour mon souper et j'en conserve au réfrigérateur pour le lendemain. Une autre méthode, plus longue, consiste à les faire griller. J'aime les couper en morceaux, ajouter des épices, du sel et de l'huile, et les enfourner pour 30 à 40 minutes, jusqu'à ce qu'ils soient dorés et tendres. Vous pouvez aussi les faire revenir dans une poêle ou un wok, mais je le fais rarement.

Mes légumes crus préférés sont le concombre, le poivron, la tomate, l'oignon rouge, la carotte, le céleri, la courgette, les radis, la betterave, le chou-fleur, le brocoli, le fenouil, le panais, les asperges, les haricots verts et l'échalote. J'en ai sûrement oublié certains !
J'aime faire cuire à la vapeur la courge musquée, les artichauts, les patates douces, les brocolis, les asperges, les haricots verts, les petits pois, les topinambours et les pommes de terre nouvelles, et faire aussi griller ou sauter les poivrons, la courge musquée, les oignons, les artichauts, les patates douces, les brocolis, les aubergines, les asperges, les haricots verts, les potirons, les topinambours, les pommes de terre nouvelles, les échalotes, etc. Pour ce qui est des fruits, j'apprécie l'avocat, la mangue, les pommes, les abricots, les mûres, les oranges, les bleuets, les cerises, les figues, les raisins, le melon, les nectarines, les pêches, les poires, les prunes, les framboises, les groseilles et les fraises.

3. LES PROTÉINES

Votre salade doit inclure 25 % de protéines qui vont rehausser sa saveur. N'oubliez pas qu'elles sont présentes dans une grande variété d'ingrédients. Selon votre régime alimentaire et vos goûts, choisissez de la viande (poulet, canard, oie, agneau, dinde, bœuf et porc), du poisson et des fruits de mer (cabillaud, thon, crabe, sole, églefin, hareng, homard, maquereau, crevettes, saumon, sardines, pétoncles, loup, truite, calmar, pieuvre), des œufs, du fromage (mozzarella, ricotta, parmesan, brie, fromage blanc égoutté, chèvre, cheddar, gorgonzola et autres fromages bleus, halloumi, gouda, manchego), des produits à base de soya comme le tofu, des légumes secs (lentilles, haricots bicolores, rouges ou noirs, cannellini, fèves, haricots mungo, pois chiches), des céréales (quinoa, blé, couscous, riz, amarante, orge, seigle, avoine, sarrasin) ou des fruits à coque et des graines (chanvre, amandes, noix du Brésil, noisettes, noix, noix de cajou, pignons, pistaches, graines de citrouille, graines de sésame). Habituellement, je mélange deux types de protéines : j'associe, par exemple, un fruit à coque et un fromage, une graine et un poisson, un fromage et une viande.

J'agrémente parfois mes salades de poisson cru, du saumon ou du thon, par exemple. Achetez-le chez un bon poissonnier en lui signalant que vous comptez le manger cru, afin qu'il soit bien frais et de bonne qualité. À ce propos, je n'achète de poisson et de crevettes que lorsque je sais qu'ils sont issus d'une source durable. Je refuse de contribuer à la disparition des espèces. Nous devons tous nous soucier de la provenance de nos aliments et de leur mode d'acquisition. Pour avoir de plus amples informations, renseignez-vous auprès des organismes de défense de la nature. Procédez de même pour tous les ingrédients d'origine animale (œufs, fromage et viande). Je vous recommande d'acheter dans la mesure de vos moyens ceux qui sont de meilleure qualité, proviennent d'animaux élevés en plein air, sont bio et issus du commerce équitable.

Je place toujours les fruits à coque et les restes dans un récipient hermétique et je les conserve dans un tiroir ou au réfrigérateur quand c'est nécessaire. Je fais en sorte qu'il n'y ait pas plus de 25 % de protéines dans ma salade, pour éviter d'avoir dans mon assiette du poulet avec de la salade plutôt qu'une salade au poulet.

4. LES GARNITURES

Je désigne par ce terme les ingrédients salés et sucrés dont il ne faut pas plus de 2 cuil. à soupe pour agrémenter une salade.

Grandes sources de protéines, les fruits à coque et les graines ont bon goût, sont riches en bonnes graisses et confèrent une texture croquante aux plats. Il faut parfois les faire tremper toute une nuit, notamment les amandes. Certains sont délicieux grillés, comme les graines de sésame et de citrouille, les noix de cajou et les pignons. Les graines de chanvre, les amandes, les noix de pécan, les noisettes, les noix, les noix de cajou, les pistaches, les graines de citrouille, de sésame, de pavot et de lin figurent parmi mes préférés.

Les olives, les câpres, les cornichons, les petits oignons, entre autres, donnent un petit goût salé à une salade. Les fruits secs, notamment les abricots non sulfurisés, les dattes, les raisins secs, les pruneaux, les bleuets apportent, eux, une note sucrée.

5. LES HERBES FRAÎCHES

J'essaie toujours d'ajouter à mes salades une poignée d'herbes fraîches, par exemple de basilic, de ciboulette, de coriandre, d'aneth, de menthe, d'origan, de persil, de romarin, de sauge, d'estragon, de thym (voire de germes de soya). Elles sont essentielles, transformant une composition banale en un bouquet de saveurs et de parfums. Je l'ai appris auprès de Yotam Ottolenghi, grand spécialiste des salades. J'aime les acheter en pot, surtout le basilic, le persil et la menthe. Elles sont belles et durent plus longtemps. Heureusement, mon bureau est juste à côté d'une fenêtre…

6. LES SAUCES ET LES ÉPICES

La sauce s'apparente à un tour de magie assurant la réussite d'une salade. Il faut trouver un juste équilibre entre consistance huileuse (à base d'huile et d'oléagineux), saveur acidulée (due au vinaigre, à la sauce soya ou aux jus d'agrumes), et goût salé et épicé. Assaisonnez les salades vertes juste avant de les servir sinon leurs feuilles risquent de noircir et de se flétrir. C'est l'inverse pour les céréales et le chou qui sont, eux, bien meilleurs imbibés de sauce.

Les herbes séchées, épices et autres ingrédients (basilic, ciboulette, coriandre, aneth, menthe, origan, persil, romarin, sauge, estragon, thym, truffe, algue nori, curcuma, cari en poudre, safran, fenouil, noix muscade, cardamome, cumin, poivre, poivre de Cayenne, laurier, cannelle, graines de moutarde, ail, wasabi, gingembre, galanga, feuilles de combava, marjolaine, paprika, sumac) modifient considérablement le goût final d'une salade. Il n'y a pas que le sel et le poivre qui comptent. Il existe une multitude d'épices fantastiques pour relever une sauce. N'ayez pas la main trop lourde car leur goût est plus perceptible que dans un plat cuit. Une demi-cuillerée suffit en général.

Les épices et les herbes varient au gré des saisons. En été, les herbes comme la menthe, le basilic, le fenouil, la coriandre et l'estragon sont rafraîchissantes. En hiver, certaines épices vous réchaufferont. Parmi mes favorites, citons le poivre noir, le poivre de Cayenne, la cannelle, le gingembre, le raifort (ou le wasabi), la moutarde, le piment et le paprika.

Il existe plusieurs types de sauces. Je les classe en trois catégories : celles qui sont huileuses (dans le style de la vinaigrette), celles qui sont crémeuses et celles qui rappellent le pesto. Les pages qui suivent vous présentent mes préférées. Vous pouvez en choisir une ou simplement suivre mes suggestions pour chaque recette. Il suffit de mélanger les ingrédients avec une fourchette ou un fouet, et parfois d'utiliser un petit mixeur.

LES SAUCES FAÇON VINAIGRETTE

ITALIENNE

Mélangez 2 cuil. à soupe d'huile d'olive vierge extra, 1 cuil. à café de vinaigre balsamique et 1 pincée de sel et de poivre.

AU WASABI ET AU SOYA

Mélangez 1 cuil. à soupe d'huile de sésame grillé, 1 cuil. à soupe de sauce soya foncée, 1 cuil. à café de wasabi en poudre et 1 cuil. à café d'huile de colza.

AUX AGRUMES

Mélangez 2 cuil. à soupe d'huile d'olive vierge extra, 1 cuil. à café de jus d'orange, 1 cuil. à café de jus de citron et 1 pincée de sel.

AU ZESTE DE CITRON

Mélangez 2 cuil. à soupe d'huile d'olive vierge extra, 2 cuil. à café de jus de citron, 1 pincée de sel et un peu de zeste de citron râpé.

AU PIMENT

Mélangez 2 cuil. à soupe d'huile d'olive vierge extra, 1 cuil. à café de vinaigre de cidre, une pincée de sel et 1 à 2 pincées de piment en poudre.

AUX TRUFFES

Mélangez 2 cuil. à soupe d'huile d'olive vierge extra, 1 cuil. à café d'huile d'olive aux truffes, 1 cuil. à café de vinaigre balsamique et 1 pincée de sel et de poivre.

LES SAUCES FAÇON PESTO

PESTO CLASSIQUE

Mixez 2 cuil. à soupe d'huile d'olive vierge extra, 1 pincée de sel et de poivre, 1 poignée de basilic frais, 1 cuil. à soupe de pignons, 1 cuil. à soupe de parmesan râpé et ¼ de gousse d'ail.

TAPENADE

Mixez 2 cuil. à soupe d'huile d'olive vierge extra, 1 cuil. à café de vinaigre de cidre, 1 pincée de sel et de poivre et 2 cuil. à soupe d'olives noires ou vertes dénoyautées.

PESTO D'ARTICHAUTS

Mixez 2 cuil. à café d'huile d'olive vierge extra, 1 cuil. à café de pâte d'artichauts, 1 cuil. à café de vinaigre de cidre et 1 pincée de sel.

PESTO DE FRAMBOISES

Mixez 2 cuil. à soupe d'huile d'olive vierge extra, 1 cuil. à café de jus de citron, 1 pincée de sel et de poivre et 1 poignée de framboises.

PESTO VERT

Mixez 2 cuil. à soupe d'huile d'olive vierge extra, 1 pincée de sel et de poivre, 1 poignée d'herbes fraîches (basilic, coriandre ou persil), 1 cuil. à soupe de fruits à coque (pignons, noix de cajou, noix, amandes ou pistaches) et 1 cuil. à soupe d'eau.

PESTO À LA TOMATE

Mixez 1 cuil. à café de tomates séchées, 1 cuil. à soupe de pignons, 2 cuil. à café d'huile d'olive vierge extra, 1 cuil. à café de vinaigre de cidre et 1 pincée de sel et de poivre.

LES SAUCES CRÉMEUSES

AUX FRUITS À COQUE ET AU CITRON

*Mixez 2 cuil. à café d'huile d'olive vierge extra,
1 cuil. à café de jus de citron, 1 pincée de sel, 2 cuil.
à café de fruits à coque (amandes, noix de cajou, noix)
et 1 cuil. à café d'eau.*

AU SÉSAME GRILLÉ

*Mixez 2 cuil. à soupe d'huile d'olive vierge extra,
1 cuil. à café de vinaigre de cidre, 1 cuil. à café
de tahini, 1 pincée de sel et 2 cuil. à soupe de graines
de sésame grillées.*

AU CARI THAÏ

*Mixez 2 cuil. à soupe de crème de soya, 1 cuil. à soupe
de noix de coco séchée et 1 cuil. à café de pâte de cari
vert thaï.*

À LA NOIX DE COCO ET AU GINGEMBRE

*Mixez 2 cuil. à soupe de crème de soya, 1 cuil.
à café d'eau ou de lait de coco, 2 cuil. à soupe de noix
de coco séchée et 1 cuil. à café de gingembre en poudre.*

À LA MOUTARDE ANGLAISE

*Mélangez 2 cuil. à soupe d'huile d'olive vierge extra,
1 cuil. à soupe de mayonnaise, 1 cuil. à café
de moutarde anglaise et 1 pincée de sel.*

À LA CRÈME ET AUX ÉPICES

*Mélangez 1 cuil. à café d'épices en poudre (paprika
fumé, piment, cumin, gingembre ou curcuma),
2 cuil. à soupe de crème fraîche et 1 pincée de sel.*

HOUMMOS

Mélangez 2 cuil. à soupe d'huile d'olive vierge extra, 2 cuil. à soupe d'hoummos, 1 cuil. à café de jus de citron, 1 pincée de sel et de poivre et 2 pincées de paprika fumé.

AUX NOIX DE CAJOU ET À L'AGAVE

Mixez 2 cuil. à soupe d'huile d'olive vierge extra, 2 cuil. à soupe de noix de cajou, 1 pincée de sel, 1 cuil. à café d'eau et 1 cuil. à café de nectar d'agave.

MAYONNAISE AU SAFRAN

Mélangez 2 cuil. à soupe de mayonnaise, 1 cuil. à café de vinaigre de cidre, 1 pincée de filaments de safran et 1 pincée de sel.

À LA MOUTARDE FORTE

Mixez 2 cuil. à soupe d'huile d'olive vierge extra, 1 cuil. à café de vinaigre de cidre, 1 pincée de sel et de poivre, 1 cuil. à café de crème fraîche et 1 cuil. à café de moutarde de Dijon à l'ancienne.

TARTARE

Mixez 1 cuil. à café de câpres, 2 cuil. à café d'huile d'olive vierge extra, 1 cuil. à café de jus de citron, 2 cuil. à soupe de yogourt nature, 1 pincée de sel et de poivre et 1 cuil. à soupe de persil frais.

AUX PIGNONS

Mixez 2 cuil. à café d'huile d'olive vierge extra, 2 cuil. à café de pignons, 1 pincée de sel, 1 cuil. à café d'eau et 1 cuil. à café de curcuma en poudre.

MES USTENSILES

Vous ne pouvez pas avoir toute votre cuisine au bureau, certes, mais quelques ustensiles de base sont nécessaires pour préparer une bonne salade. Tout d'abord, il vous faut impérativement une planche à découper et un couteau. Je vous conseille d'avoir toujours un bon couteau de cuisine pour hacher les ingrédients plus facilement, plus vite et avec plus de précision.

L'économe est un de mes ustensiles de prédilection. Il permet d'éplucher les légumes et les fruits, mais aussi de prélever des rubans ou des copeaux de parmesan, de pecorino ou de courgettes, de concombres, de carottes et de panais. Si vous souhaitez détailler les légumes en fins bâtonnets, utilisez un couteau à julienne.

L'essoreuse à salade est également indispensable. J'en ai une petite dans un tiroir de mon bureau. Lavez toujours la laitue, même celle qui est déjà nettoyée. Les sachets sont infestés de bactéries! Je prépare ma sauce dans un petit bol ou un bocal. Au début, j'avais des cuillères graduées, mais à présent je ne m'en sers plus. J'arrive à mesurer les quantités au jugé. Quand ma mère me disait: «Tu as assez de cet ingrédient», je lui demandais: «C'est-à-dire?» Elle me répondait: «Quand tu en a assez, tu le vois, tu le sais», et elle cuisinait à merveille.

J'ai toujours une collection de boîtes hermétiques de différentes tailles. En général, j'utilise moins de fromage, de viande ou de jambon que prévu et je conserve les restes pour le jour suivant. J'essaie toujours de prévoir les quantités pour plusieurs jours. Ainsi, 100 g (¾ tasse) de fromage me suffisent pour faire deux recettes, deux jours consécutifs.

Voici d'autres ustensiles que je possède et qui peuvent vous être utiles: un ouvre-boîte, une passoire, des gants en caoutchouc (pour hacher les betteraves ou le chou rouge!), un pilon et un mortier, une râpe et des ciseaux. Mon tiroir est rempli à ras bord. J'ai aussi un germoir à graines et tout ce qu'il faut pour faire la vaisselle.

DES SALADES TOUTE L'ANNÉE

J'ai beaucoup appris en préparant chaque jour des salades. Bien sûr, il y a eu quelques échecs, mais la plupart étaient réussies. Je crois plus que jamais qu'elles permettent de faire d'excellents repas. Pendant trois ans, j'ai réussi à en confectionner tous les jours au bureau. J'ai découvert qu'elles peuvent être riches, superbes et délicieuses, et si faciles à réaliser. Et je les aime toujours autant. Je suis vraiment désolé de voir qu'elles sont souvent considérées comme un plat secondaire plutôt terne, ou comme une entrée. Elles peuvent être belles et colorées, équilibrées et succulentes, et constituer un plat complet nourrissant. Avec cette expérience, j'ai tenté d'améliorer l'image des salades et d'une alimentation équilibrée.

Je sais que je ne suis pas seul à penser qu'il faut se nourrir autrement. J'ai vu beaucoup de personnes adopter une alimentation plus saine autour de moi à Londres, et ailleurs dans le monde. Les salades et les régimes alimentaires équilibrés ne sont plus perçus comme auparavant. Certains de mes collègues ont créé des clubs : ils préparent des salades fraîches dans leur bureau ou dans les cuisines communes. En mangeant ces salades savoureuses, riches en vitamines et en sels minéraux, j'ai senti que mon corps, mon apparence et mon opinion sur la nourriture en général changeaient. Après ces jours, ces semaines, ces mois et ces années à créer des salades, j'aime plus que jamais la gastronomie et je n'ai jamais autant raffolé des salades. Je n'ai jamais trouvé pénible de me nourrir de la sorte. Les salades doivent être un régal. Dans ce livre, j'ai décidé de vous présenter les meilleures : les plus intéressantes et les plus inattendues, les plus innovantes et les plus réussies.

Elles constituent de véritables repas et ont été photographiées quelques secondes avant d'être dégustées. Elles ont toutes été composées en 20 minutes maximum (certains ingrédients étaient cuits la veille, d'autres achetés chez un traiteur ou au supermarché). Elles sont classées par saison et conviennent aux crudivores, aux végétariens, aux végétaliens, aux piscivores et aux omnivores.

Il y a une salade pour chaque personne, chaque moment, chaque humeur et chaque budget. J'ai inclus des variantes adaptées aux différents régimes alimentaires ou pour rendre une salade plus légère ou plus riche. J'espère que j'aurai réussi à vous donner des idées pour oser de nouvelles associations. Bon appétit !

ÉTÉ

VÉGÉTARIEN

VARIANTE CRUDIVORE
Remplacez
la mozzarella
par 1 avocat mûr
et ¼ d'oignon
rouge.

MOZZARELLA, TOMATES CERISES ET ÉPINARDS

Pour la salade, disposez dans l'assiette :

50 g (1 ½ tasse) de jeunes pousses d'épinards
200 g (1 ½ tasse) de tomates cerises coupées
en deux
100 g (1 tasse) de mozzarella coupée en
morceaux
1 poignée de basilic frais

Pour la sauce, mélangez :

1 cuil. à soupe d'huile d'olive vierge extra
1 cuil. à café de vinaigre balsamique
1 pincée de sel et de poivre
1 pincée d'origan séché

ÉTÉ

**VARIANTE
VÉGÉTALIENNE**
Remplacez le crabe
par 100 g (½ tasse) de
haricots en conserve
(cannellini ou
doliques).

CRABE, TOMATES CERISES ET CRESSON

Pour la salade, disposez dans l'assiette :

50 g (1 ½ tasse) de cresson de fontaine

100 g (¾ tasse) de tomates cerises coupées en deux

50 g (2 oz) de chair de crabe

1 poignée de pignons

1 poignée de persil plat frais

Pour la sauce, mélangez :

1 cuil. à soupe d'huile d'olive vierge extra

1 cuil. à café de vinaigre balsamique

1 pincée de sel et de poivre

VARIANTE VÉGÉTARIENNE
Ajoutez 100 g
(¾ tasse) de feta ou de
fromage de chèvre.

RAISIN NOIR, MELON ET SAUCE AU CHANVRE

Pour la salade, disposez dans l'assiette :

1 petite sucrine

100 g (¾ tasse) de melon d'Espagne ou de melon jaune
 coupé en morceaux

1 poignée de raisins noirs

1 cuil. à soupe de graines de chanvre décortiquées

1 poignée de menthe fraîche

Pour la sauce, mixez :

1 cuil. à soupe d'huile d'olive vierge extra

1 cuil. à café de jus de citron

1 pincée de sel et de poivre

1 poignée de graines de chanvre décortiquées

VÉGÉTARIEN

VARIANTE
CRUDIVORE
Remplacez le yogourt
par de la sauce aux noix
de cajou et à l'agave
(page 27), faite avec
des amandes.

FRAISES, MELON ET AMANDES

Pour la salade, disposez dans l'assiette :

50 g (1 ½ tasse) de laitue feuille de chêne rouge

100 g (¾ tasse) de fraises équeutées et coupées
en morceaux

100 g (¾ tasse) de melon charentais ou de
cantaloup en morceaux

1 poignée d'amandes hachées

1 poignée de menthe fraîche

Pour la sauce, mélangez :

50 g (¼ tasse) de yogourt nature

1 cuil. à soupe d'huile d'olive vierge extra

1 pincée de sel et de poivre

POISSON

VARIANTE VÉGÉTALIENNE
Remplacez le saumon par des haricots noirs en conserve et ajoutez du poivre blanc.

SAUMON GLACÉ AU MIEL, FENOUIL ET ÉPINARDS

Pour la salade, disposez dans l'assiette :

50 g (1 ½ tasse) de pousses d'épinards
½ bulbe de fenouil émincé
100 g (¾ tasse) de tomates cerises coupées en deux
50 g (2 oz) de saumon glacé au miel et au vinaigre balsamique, émietté
1 poignée de graines de courge
1 poignée de persil plat frais

Pour la sauce, mélangez :

1 cuil. à soupe d'huile d'olive vierge extra
1 cuil. à café de jus de citron
1 pincée de sel et de poivre

JAMBON DE PARME, PARMESAN ET TOMATES CERISES

Pour la salade, disposez dans l'assiette :

50 g (1 ½ tasse) de roquette

150 g (1 tasse) de tomates cerises coupées en
deux

50 g (2 oz) de jambon de Parme grossièrement
coupé en lanières

50 g (½ tasse) de copeaux de parmesan

Pour la sauce, mélangez :

1 cuil. à soupe d'huile d'olive vierge extra

1 cuil. à café de vinaigre balsamique

1 pincée de sel et de poivre

SANS
RÉGIME SPÉCIAL
Ajoutez 50 g (2 oz)
de chorizo ou
de pastrami.

CAROTTE VIOLETTE, POIVRON ROUGE ET PESTO AU PIMENT

Pour la salade, disposez dans l'assiette :

2 petites carottes violettes (ou ordinaires) détaillées
en rubans avec un économe
½ poivron rouge coupé en dés
1 poignée de menthe fraîche

Pour la sauce, mixez :

1 cuil. à café d'huile d'olive vierge extra
1 cuil. à café de vinaigre de cidre
1 pincée de sel et de poivre
½ piment rouge haché
1 poignée de noix de cajou
(faites-les tremper toute une nuit
si vous le souhaitez)

PATATE DOUCE, CHOU ROUGE ET TOMATES CERISES

Pour la salade, disposez dans l'assiette :

100 g (1 tasse) de chou rouge coupé en fines lanières
½ patate douce cuite, pelée et hachée
100 g (¾ tasse) de tomates cerises coupées en quatre
2 ciboules émincées
1 cuil. à soupe de graines de sésame

Pour la sauce, mélangez :

1 cuil. à soupe d'huile d'olive vierge extra
1 cuil. à café de jus de citron
1 pincée de sel et de poivre
2 cuil. à soupe d'hoummos végétalien

VÉGÉTALIEN

VARIANTE
VÉGÉTARIENNE
Ajoutez du fromage
émietté (chèvre, feta
ou pecorino).

POIS CHICHES, COUSCOUS ET TOMATES CERISES

Pour la salade, disposez dans l'assiette :

100 g (½ tasse) de couscous cuit

100 g (½ tasse) de pois chiches en boîte

100 g (¾ tasse) de tomates cerises coupées
en quatre

1 cuil. à café de graines de sésame grillées

1 poignée d'olives noires dénoyautées
et coupées en deux

1 poignée de persil plat frais

Pour la sauce, mélangez :

1 cuil. à soupe d'huile d'olive vierge extra

1 cuil. à café de vinaigre de cidre

1 pincée de sel et de poivre

SANS RÉGIME
SPÉCIAL

VARIANTE
VÉGÉTALIENNE
Remplacez le poulet rôti
aux épices par 100 g
(½ tasse) de haricots
verts cuits à
la vapeur.

POULET, POMMES DE TERRE NOUVELLES ET TOMATES CERISES

Pour la salade, disposez dans l'assiette :

50 g (1 ½ tasse) de roquette

100 g (¾ tasse) de tomates cerises coupées
en deux

100 g (¾ tasse) de pommes de terre nouvelles
rôties et coupées en deux

50 g (2 oz) de poulet aux épices rôti et coupé
en morceaux

1 poignée de persil plat frais

Pour la sauce, mélangez :

1 cuil. à soupe d'huile d'olive vierge extra

1 cuil. à café de vinaigre balsamique

1 pincée de sel et de poivre

VÉGÉTALIEN

VARIANTE VÉGÉTARIENNE
Ajoutez 50 g (¼ tasse) de yogourt nature.

PETITS POIS, PATATES DOUCES RÔTIES ET AUBERGINE

Pour la salade, disposez dans l'assiette :

100 g (½ tasse) de riz complet basmati précuit
50 g (½ tasse) de petits pois cuits à la vapeur
100 g (¾ tasse) de patate douce rôtie
coupée en morceaux
½ aubergine rôtie, coupée en dés
1 poignée de noix de cajou
1 poignée de coriandre fraîche

Pour la sauce, mélangez :

1 cuil. à soupe d'huile d'olive vierge extra
1 cuil. à café de vinaigre de cidre
1 pincée de sel et de poivre
2 pincées de cari en poudre

SANS RÉGIME SPÉCIAL
Remplacez les crevettes par 50 g (2 oz) de poulet rôti.

CREVETTES, MAÏS JEUNE ET POIS MANGE-TOUT

Pour la salade, disposez dans l'assiette :

100 g (½ tasse) de riz complet à grain court, précuit

50 g (¼ tasse) de maïs jeune cru (ou légèrement cuit à la vapeur)

50 g (¾ tasse) de pois mange-tout crus (ou légèrement cuits à la vapeur)

1 poignée de coriandre fraîche

1 poignée de crevettes roses précuites

Pour la sauce, mixez :

2 cuil. à soupe de crème de soya

1 cuil. à café d'eau ou de lait de coco

2 cuil. à soupe de noix de coco séchée

2 pincées de flocons de piment

1 pincée de sel

VÉGÉTARIEN

VARIANTE
VÉGÉTALIENNE
Remplacez le parmesan
par des croûtons
supplémentaires
et des haricots
verts.

HARICOTS VERTS, PARMESAN ET PIGNONS

Pour la salade, disposez dans l'assiette :

50 g (1 ½ tasse) de roquette

50 g (¼ tasse) de haricots verts cuits à la vapeur

50 g (½ tasse) de copeaux de parmesan

1 poignée de pignons

1 poignée de croûtons de pain complet

1 poignée de basilic frais

1 poignée de graines d'ail germées

Pour la sauce, mélangez :

1 cuil. à soupe d'huile d'olive vierge extra

1 cuil. à café de vinaigre balsamique

1 pincée de sel et de poivre

VARIANTE
CRUDIVORE
Remplacez le crabe par
100 g (¾ tasse)
de poivron rouge ou
par 1 carotte.

CRABE, AVOCAT, FEUILLES DE NORI ET CONCOMBRE

Pour la salade, disposez dans l'assiette :

50 g (1 ½ tasse) de cresson de fontaine

1 avocat coupé en morceaux

100 g (¾ tasse) de concombre coupé en
morceaux

50 g (2 oz) de chair de crabe cuite

1 feuille de nori (algues grillées) coupée en
lanières

1 cuil. à café de graines de sésame grillées

Pour la sauce, mélangez :

1 cuil. à soupe d'huile de tournesol

1 cuil. à café de sauce soya claire

1 pincée de sel et de poivre

1 pincée de wasabi en poudre

POULET, BLEU ET TOMATES CERISES

Pour la salade, disposez dans l'assiette :

50 g (1 ½ tasse) de roquette

1 poignée de tomates cerises coupées en quatre

50 g (2 oz) de poulet rôti coupé en morceaux

50 g (⅓ tasse) de bleu coupé en morceaux

Pour la sauce, mélangez :

1 cuil. à soupe d'huile d'olive vierge extra

1 cuil. à café de vinaigre balsamique

1 pincée de sel

1 pincée de flocons de piment

VÉGÉTALIEN

SANS
RÉGIME SPÉCIAL
Ajoutez 50 g (2 oz)
de poulet rôti.

POMMES DE TERRE, HARICOTS VERTS ET OLIVES NOIRES

Pour la salade, disposez dans l'assiette :

100 g (¾ tasse) de pommes de terre nouvelles cuites à
la vapeur et coupées en rondelles

50 g (¼ tasse) de haricots verts cuits à la vapeur

100 g (¾ tasse) de tomates cerises coupées en deux

1 poignée d'olives noires dénoyautées

½ petit oignon rouge émincé

Pour la sauce, mixez :

2 poignées de basilic frais

2 cuil. à café d'huile d'olive vierge extra

1 poignée de pignons

¼ de gousse d'ail

1 cuil. à café de vinaigre de cidre

VARIANTE
VÉGÉTALIENNE
Remplacez le pecorino
par 1 poignée de graines
de sésame et de
courge grillées.

LENTILLES NOIRES, COUSCOUS ET PECORINO

Pour la salade, disposez dans l'assiette :

100 g (½ tasse) de couscous cuit

50 g (¼ tasse) de lentilles noires en boîte

30 g (⅓ tasse) de copeaux de pecorino

3-4 fleurs de ciboulette (ou 1 botte de ciboulette ciselée)

1 poignée de persil plat frais

Pour la sauce, mélangez :

1 cuil. à soupe de pâte d'artichaut (ou 1 poignée de cœurs d'artichauts marinés mixés)

1 cuil. à soupe d'huile d'olive vierge extra

1 cuil. à café de vinaigre balsamique

1 pincée de sel et de poivre

VARIANTE CRUDIVORE

Remplacez les croûtons par quelques fruits à coque ou graines, ou des olives supplémentaires.

TOMATES CERISES, OLIVES NOIRES ET FLEURS DE BOURRACHE

Pour la salade, disposez dans l'assiette :

50 g (1 ½ tasse) de mesclun (cresson, feuilles de betterave rouge et mâche)
100 g (¾ tasse) de tomates cerises coupées en deux
½ petit concombre coupé en morceaux
2 ciboules émincées
1 poignée d'olives noires dénoyautées et coupées en deux
1 poignée de croûtons
1 poignée de pignons
1 poignée de fleurs de bourrache

Pour la sauce, mélangez :

1 cuil. à soupe d'huile d'olive vierge extra
1 cuil. à café de vinaigre de cidre
1 pincée de sel et de poivre

VARIANTE CRUDIVORE
Remplacez la feta par 1 poignée de noix de cajou, 1 cuil. à café de câpres et ½ petit oignon rouge.

FETA, PASTÈQUE ET FENOUIL

Pour la salade, disposez dans l'assiette :

50 g (1 ½ tasse) de roquette
100 g (¾ tasse) de pastèque épépinée et coupée en gros cubes
½ bulbe de fenouil émincé
1 poignée de graines de grenade
50 g (⅓ tasse) de feta coupée en morceaux
1 poignée de graines de courge
1 poignée d'aneth frais

Pour la sauce, mélangez :

1 cuil. à soupe d'huile d'olive vierge extra
1 cuil. à café de jus de citron
1 pincée de sel et de poivre

CRU

VARIANTE VÉGÉTARIENNE
Ajoutez 50 g
(¼ tasse) de fromage,
comme du chèvre
ou du fromage
cottage.

TRÉVISE, FRAISES ET FENOUIL

Pour la salade, disposez dans l'assiette :

1 trévise émincée
½ petit bulbe de fenouil émincé
100 g (¾ tasse) de fraises équeutées
et coupées en morceaux
1 cuil. à soupe de graines de courge
1 poignée de menthe fraîche

Pour la sauce, mélangez :

1 cuil. à soupe d'huile d'olive vierge extra
1 cuil. à café de jus de citron
1 pincée de sel et de poivre

VARIANTE
VÉGÉTALIENNE
Ajoutez 1 poignée
de croûtons aux tomates
hachées et laissez-les
tremper 10 min.

COURGETTE, TOMATES CERISES ET AVOCAT

Pour la salade, disposez dans l'assiette :

1 courgette détaillée en rubans avec un économe
100 g (¾ tasse) de tomates cerises noires
(ou rouges) coupées en quatre
1 avocat coupé en morceaux
1 cuil. à café de graines de chanvre décortiquées
1 poignée de ciboulette fraîche ciselée

Pour la sauce, mélangez :

1 cuil. à soupe d'huile d'olive vierge extra
1 cuil. à café de vinaigre balsamique
1 pincée de sel et de poivre

JAMBON DE PARME, MELON ET CROÛTONS

Pour la salade, disposez dans l'assiette :

50 g (1 ½ tasse) de roquette

50 g (2 oz) de jambon de Parme
coupé grossièrement en lanières

1 poignée de croûtons

1 poignée de ciboulette fraîche ciselée

100 g (¾ tasse) de melon charentais
ou de cantaloup coupé en morceaux

Pour la sauce, mélangez :

1 cuil. à soupe d'huile d'olive vierge extra

1 cuil. à café de vinaigre balsamique

1 pincée de sel et de poivre

VÉGÉTARIEN

VARIANTE
VÉGÉTALIENNE
Remplacez le fromage
cottage par de la crème
de soya.

FROMAGE COTTAGE, PETITS POIS ET CONCOMBRE

Pour la salade, disposez dans l'assiette :

50 g (1 ½ tasse) de roquette et de jeunes pousses
de cresson

50 g (⅓ tasse) de petits pois cuits à la vapeur

50 g (⅓ tasse) de concombre coupé en morceaux

50 g (¼ tasse) de fromage cottage

2 ciboules émincées

Pour la sauce, mélangez :

1 cuil. à soupe d'huile d'olive vierge extra

1 cuil. à café de vinaigre de cidre

1 pincée de sel et de poivre

VARIANTE CRUDIVORE
Remplacez les anchois par 1 poignée de câpres et utilisez des olives noires au naturel.

ANCHOIS, CONCOMBRE, POIVRON ROUGE ET OLIVES NOIRES

Pour la salade, disposez dans l'assiette :

100 g (¾ tasse) de concombre détaillé en fines lanières avec un couteau à julienne

½ poivron rouge coupé en dés

50 g (¼ tasse) d'anchois marinés

1 poignée d'olives noires dénoyautées et coupées en deux

1 poignée de pignons

1 poignée de persil plat frais

Pour la sauce, mélangez :

1 cuil. à soupe d'huile d'olive vierge extra

1 cuil. à café de vinaigre de cidre

1 pincée de sel et de poivre

SANS RÉGIME SPÉCIAL

VARIANTE VÉGÉTARIENNE

Remplacez la bresaola par du fromage salé (quartirolo lombardo ou feta).

BRESAOLA, NECTARINES ET NOIX DE CAJOU

Pour la salade, disposez dans l'assiette :

50 g (1 ½ tasse) de mesclun

2 nectarines coupées en quartiers

50 g (2 oz) de bresaola (bœuf séché à l'air) finement tranchée

1 poignée de noix de cajou

1 poignée de menthe fraîche

Pour la sauce, mélangez :

1 cuil. à soupe d'huile vierge extra

1 cuil. à café de vinaigre balsamique

1 pincée de sel et de poivre

SANS RÉGIME SPÉCIAL
Ajoutez du jambon de Parme, du speck ou du jambon serrano.

CHEDDAR FUMÉ, PÊCHES ET BLEUETS

Pour la salade, disposez dans l'assiette :

50 g (1 ½ tasse) de jeunes pousses de mesclun
(bettes, épinards et laitue feuille de chêne rouge)
2 petites pêches jaunes coupées en quartiers
1 poignée de bleuets
50 g (½ tasse) de cheddar fumé au chêne
coupé en morceaux
1 poignée de noix grossièrement concassées
1 poignée de menthe fraîche

Pour la sauce, mélangez :

1 cuil. à soupe d'huile d'olive vierge extra
1 cuil. à café de vinaigre balsamique
1 pincée de sel et de poivre

SANS RÉGIME
SPÉCIAL

VARIANTE
VÉGÉTARIENNE
Remplacez le jambon
fumé par des haricots ou
des pois chiches en boîte
et mettez plus
de tomates.

JAMBON FUMÉ, SCAMORZA ET PISTACHES

Pour la salade, disposez dans l'assiette :

60 g (1 ¾ tasse) de mesclun (cresson de fontaine,
laitue feuille de chêne rouge et roquette)
100 g (¾ tasse) de tomates cerises coupées en deux
50 g (2 oz) de jambon fumé finement tranché
50 g (½ tasse) de scamorza (fromage fumé) coupée
en dés
1 poignée de pistaches

Pour la sauce, mélangez :

1 cuil. à soupe d'huile d'olive vierge extra
1 cuil. à café de vinaigre balsamique
1 pincée de sel et de poivre

VÉGÉTARIEN

VARIANTE CRUDIVORE

Remplacez le fromage de chèvre par ½ bulbe de fenouil.

FROMAGE DE CHÈVRE, POIVRON ROUGE ET PIGNONS

Pour la salade, disposez dans l'assiette :

50 g (1 ½ tasse) de roquette
½ poivron rouge coupé en morceaux
50 g (2 oz) de fromage de chèvre ferme
coupé en morceaux
1 poignée de pignons

Pour la sauce, mélangez :

1 cuil. à soupe d'huile d'olive vierge extra
1 cuil. à café de vinaigre balsamique
1 pincée de sel et de poivre
1 cuil. à soupe de pesto à la tomate (page 25)

VARIANTE CRUDIVORE

Remplacez l'hoummos par une variante d'hoummos cru ou par un avocat mûr.

POIVRON ROUGE, CRESSON ET PIGNONS

Pour la salade, disposez dans l'assiette :

60 g (1 ¾ tasse) de cresson de fontaine
1 poivron rouge coupé en morceaux
1 poignée de pignons
1 botte de ciboulette fraîche ciselée

Pour la sauce, mélangez :

1 cuil. à soupe d'huile d'olive vierge extra
1 cuil. à café de vinaigre balsamique
1 pincée de sel et de poivre
1 cuil. à soupe d'hoummos végétalien à base de poivron rouge

CRU

SANS
RÉGIME SPÉCIAL
Ajoutez 100 g (4 oz)
de poulet ou de dinde
rôtis, de pastrami
ou de jambon
fumé.

POIVRONS ROUGES ET JAUNES, COURGETTE ET RAISINS SECS

Pour la salade, disposez dans l'assiette :

1 courgette détaillée en rubans avec un économe

½ poivron rouge émincé

½ poivron jaune émincé

1 poignée de raisins secs

1 poignée de pignons

1 poignée de ciboulette fraîche ciselée

Pour la sauce, mélangez :

1 cuil. à soupe d'huile d'olive vierge extra

1 cuil. à café de vinaigre de cidre

1 pincée de sel et de poivre

**VARIANTE
VÉGÉTALIENNE**
Remplacez le chorizo
par 100 g (½ tasse) de
haricots (cannellini,
doliques ou haricots
blancs).

CHORIZO, OLIVES VERTES ET PÂTES AU BLÉ COMPLET

Pour la salade, disposez dans l'assiette :

100 g (1 tasse) de pennes au blé complet précuites
100 g (¾ tasse) de tomates cerises coupées en deux
50 g (2 oz) de chorizo coupé en demi-rondelles
1 poignée d'olives vertes dénoyautées
2 ciboules émincées
1 poignée de persil plat frais

Pour la sauce, mélangez :

1 cuil. à soupe d'huile d'olive vierge extra
1 cuil. à café de vinaigre balsamique
1 pincée de sel et de poivre
2 pincées de flocons de piment

POIVRONS RÔTIS, POIS CHICHES ET ORGE

Pour la salade, disposez dans l'assiette :

100 g (½ tasse) d'orge précuite
1 poivron rouge ou jaune rôti émincé
100 g (½ tasse) de pois chiches en boîte
1 poignée d'olives noires dénoyautées
1 poignée de persil plat frais

Pour la sauce, mélangez :

1 cuil. à soupe d'huile d'olive vierge extra
1 cuil. à café de vinaigre balsamique
1 pincée de sel et de poivre

SAUMON RÔTI, ÉPEAUTRE, COURGETTE ET POIVRON ROUGE

Pour la salade, disposez dans l'assiette :

1 courgette détaillée en rubans avec un économe

1 poivron rouge coupé en lanières

50 g (¼ tasse) d'épeautre, d'orge ou de riz basmati
complet précuit

50 g (2 oz) de saumon rôti émietté

1 poignée de persil plat frais

Pour la sauce, mélangez :

1 cuil. à soupe d'huile d'olive vierge extra

1 cuil. à café de vinaigre de cidre

1 pincée de sel et de poivre

VÉGÉTALIEN

AUBERGINE GRILLÉE, POIVRONS ET COURGETTE

Pour la salade, disposez dans l'assiette :

½ petite courgette détaillée en rubans avec un économe

½ petite aubergine rôtie et coupée en tranches

1 poignée de poivrons marinés en pot

1 cuil. à café d'oignons frits et croustillants

1 botte de ciboulette fraîche ciselée

Pour la sauce, mélangez :

1 cuil. à soupe d'huile d'olive vierge extra

1 cuil. à café de vinaigre balsamique

1 pincée de sel et de poivre

HARICOTS VERTS, POIVRON ROUGE, RIZ SAUVAGE ET PIMENT

Pour la salade, disposez dans l'assiette :

150 g (¾ tasse) de riz sauvage précuit
100 g (½ tasse) de haricots verts cuits à la vapeur
½ poivron rouge émincé
2 ciboules émincées
½ petit piment rouge finement haché
1 poignée de jeunes pousses fraîches de coriandre
   et de feuilles d'amarante

Pour la sauce, mélangez :

2 cm (¾ po) de gingembre frais, épluché et râpé
2 cuil. à café de miso blanc doux
2 cuil. à café de crème d'avoine

**VARIANTE
VÉGÉTALIENNE**
Remplacez le poulet
par 100 g (½ tasse) de
haricots noirs, de haricots
aduki ou de lentilles
noires.

COUSCOUS, POULET RÔTI ET LÉGUMES

Pour la salade, disposez dans l'assiette :

100 g (½ tasse) de couscous cuit

50 g (2 oz) de blanc de poulet rôti coupé en morceaux

100 g (¾ tasse) de légumes rôtis (½ aubergine,
½ poivron rouge et ½ poivron jaune)

1 cuil. à café de pignons grillés

1 poignée de persil plat frais

Pour la sauce, mélangez :

1 cuil. à soupe d'huile d'olive vierge extra

1 cuil. à café de vinaigre balsamique

1 pincée de sel et de poivre

1 pincée de marjolaine séchée

CRU

VARIANTE VÉGÉTARIENNE

Ajoutez du parmesan et, pour la sauce, utilisez un sirop de vinaigre balsamique.

BROCOLI, FRAISES ET BLEUETS

Pour la salade, disposez dans l'assiette :

80 g (2 ½ tasses) de jeunes pousses de mesclun (bettes, cresson et laitue feuille de chêne rouge)

30 g (⅓ tasse) de fleurettes de brocoli divisées en petits morceaux

1 poignée de fraises équeutées et coupées en quatre

1 poignée de bleuets

1 poignée de noisettes hachées

Pour la sauce, mélangez :

1 cuil. à soupe d'huile d'olive vierge extra

1 cuil. à café de jus de citron

1 pincée de sel et de poivre

VARIANTE CRUDIVORE

Remplacez le fromage cottage par une sauce aux noix de cajou et à l'agave (page 27) faite avec des graines de courge grillées.

FROMAGE COTTAGE, BLEUETS ET ÉPINARDS

Pour la salade, disposez dans l'assiette :

30 g (1 tasse) de roquette

30 g (1 tasse) de jeunes pousses d'épinards

50 g (⅓ tasse) de bleuets

100 g (½ tasse) de fromage cottage

1 poignée de graines de courge grillées

1 botte de ciboulette fraîche ciselée

Pour la sauce, mélangez :

1 cuil. à soupe d'huile d'olive vierge extra

1 cuil. à café de vinaigre balsamique

1 pincée de sel et de poivre

VARIANTE
AVEC DU POISSON
Ajoutez 1 poignée
de crevettes cuites ou
50 g (2 oz) de thon au
naturel en boîte.

CHOU ROUGE, COURGETTE, AVOCAT ET NOIX

Pour la salade, disposez dans l'assiette :

100 g (1 tasse) de chou rouge coupé en fines lanières

1 petite courgette coupée en morceaux

1 avocat coupé en morceaux

1 poignée de noix grossièrement concassées

1 poignée de ciboulette fraîche ciselée

Pour la sauce, mélangez :

1 cuil. à soupe d'huile d'olive vierge extra

1 cuil. à café de jus de citron

1 pincée de sel et de poivre

VARIANTE CRUDIVORE

Remplacez les calmars par 1 avocat mûr et ¼ d'oignon rouge, et utilisez des graines de sésame non grillées.

CALMAR, CHOU ROUGE, CAROTTE ET OLIVES NOIRES

Pour la salade, disposez dans l'assiette :

100 g (1 tasse) de chou rouge coupé en fines lanières

1 petite carotte détaillée en rubans avec un économe

1 poignée de tomates cerises coupées en morceaux

1 poignée d'olives noires dénoyautées et coupées en deux

50 g (2 oz) de calmars précuits et coupés en morceaux

1 cuil. à café de graines de sésame grillées

1 botte de ciboulette fraîche ciselée

Pour la sauce, mélangez :

1 cuil. à soupe d'huile d'olive vierge extra

1 cuil. à café de jus de citron

1 pincée de sel et de poivre

1 pincée de flocons de piment

CRU

**SANS
RÉGIME SPÉCIAL**
Ajoutez 1 poignée
de rondelles de chorizo
et faites griller
les pignons.

COURGETTE, CAPUCINES ET ROQUETTE SAUVAGE

Pour la salade, disposez dans l'assiette :

50 g (1 ½ tasse) de feuilles de salade (cresson et roquette par exemple)

1 courgette coupée en morceaux

2 ciboules violettes (ou vertes) émincées

1 poignée de pignons

1 poignée de capucines rouges comestibles

Pour la sauce, mixez :

1 cuil. à soupe d'huile d'olive vierge extra

1 cuil. à café de jus de citron

1 pincée de sel et de poivre

1 petit piment haché

POULET RÔTI, POIS MANGE-TOUT ET CAPUCINES

Pour la salade, disposez dans l'assiette :

50 g (1 ½ tasse) de roquette sauvage

100 g (1 ¾ tasse) de pois mange-tout

100 g (4 oz) de blanc de poulet rôti
et coupé en morceaux

1 poignée de pignons

1 poignée de coriandre fraîche

1 poignée de capucines rouges comestibles

Pour la sauce, mélangez :

1 cuil. à soupe d'huile d'olive vierge extra

1 cuil. à café de jus de citron vert

1 cuil. à café d'huile de sésame grillé

1 pincée de sel

1 pincée de gingembre en poudre

VARIANTE VÉGÉTARIENNE
Remplacez les crevettes par 50 g (½ tasse) de fromage de chèvre, de brie ou de pecorino.

CREVETTES, MAÏS JEUNE, TOMATES ET PIMENT

Pour la salade, disposez dans l'assiette :

50 g (1 ½ tasse) de roquette

1 tomate coupée en morceaux

100 g (¾ tasse) de jeune maïs cuit à la vapeur

1 poignée de crevettes précuites

1 poignée de graines de courge

1 petit piment rouge finement haché

1 poignée de coriandre fraîche

Pour la sauce, mélangez :

1 cuil. à soupe d'huile d'olive vierge extra

1 cuil. à café de vinaigre de cidre

1 pincée de sel et de poivre

CRU

SANS
RÉGIME SPÉCIAL
Ajoutez 50 g
(2 oz) de poulet rôti.

TOMATES SÉCHÉES, MAÏS ET LAITUE

Pour la salade, disposez dans l'assiette :

60 g (1 ¾ tasse) de jeunes pousses de laitue
feuille de chêne rouge
½ épi de maïs frais égrené
6 tomates séchées coupées en morceaux
1 poignée de graines de courge
1 poignée de ciboulette fraîche ciselée

Pour la sauce, mélangez :

1 cuil. à soupe d'huile d'olive vierge extra
1 cuil. à café de vinaigre de cidre
1 pincée de sel et de poivre

CHORIZO, ÉPEAUTRE, COURGETTE ET HARICOTS NOIRS

Pour la salade, disposez dans l'assiette :

1 courgette détaillée en lanières avec un couteau
à julienne

50 g (¼ tasse) d'épeautre précuit

100 g (¾ tasse) de tomates cerises coupées en deux

50 g (¼ tasse) de haricots noirs en boîte

1 poignée de pignons

50 g (2 oz) de chorizo coupé en morceaux

2 ciboules émincées

Pour la sauce, mélangez :

1 cuil. à soupe d'huile d'olive vierge extra

1 cuil. à café de vinaigre balsamique

1 pincée de sel et de poivre

VARIANTE VÉGÉTARIENNE
Ajoutez 50 g (1 tasse) de gouda, d'ossau-iraty ou d'autres fromages à pâte semi-dure.

HARICOTS ROUGES, RIZ SAUVAGE ET AVOCAT

Pour la salade, disposez dans l'assiette :

100 g (½ tasse) de riz précuit mélangé
(complet, sauvage et rouge)
100 g (½ tasse) de haricots rouges en boîte
½ avocat coupé en morceaux
1 poignée de tomates cerises coupées en deux
½ petit oignon rouge finement émincé
1 poignée de persil plat frais

Pour la sauce, mélangez :

1 cuil. à soupe d'huile d'olive vierge extra
1 cuil. à café de vinaigre de cidre
1 pincée de sel et de poivre

SANS
RÉGIME SPÉCIAL
Remplacez les fruits
de mer par du poulet
rôti.

CALMARS, PIEUVRE, COUSCOUS ET PETITS POIS

Pour la salade, disposez dans l'assiette :

100 g (½ tasse) de semoule à gros grains précuite

50 g (⅓ tasse) de petits pois cuits à l'eau

100 g (¾ tasse) de tomates cerises coupées
en quatre

50 g (2 oz) d'antipasti (calmars et pieuvre marinés)

Pour la sauce, mélangez :

1 cuil. à soupe d'huile d'olive vierge extra

1 cuil. à café de vinaigre de cidre

1 pincée de sel et de poivre

1 pincée de filaments de safran

VARIANTE
CRUDIVORE
Remplacez le parmesan
par 1 poignée de noix.

FRAISES, PARMESAN ET TRÉVISE

Pour la salade, disposez dans l'assiette :

1 petite trévise

150 g (1 tasse) de fraises équeutées et coupées
en quatre

50 g (½ tasse) de copeaux de parmesan

1 poignée de pignons

1 botte de ciboulette ciselée

Pour la sauce, mélangez :

1 cuil. à soupe d'huile d'olive vierge extra

1 cuil. à café de vinaigre balsamique

1 pincée de sel et de poivre

CRU

SANS
RÉGIME SPÉCIAL
Ajoutez 50 g (2 oz)
de poulet rôti.

POIVRON JAUNE, BROCOLI, PIMENT ET CRÈME DE COCO

Pour la salade, disposez dans l'assiette :

50 g (1 ½ tasse) de cresson de fontaine
½ poivron jaune émincé
100 g (1 ¼ tasse) de fleurettes de brocoli divisées
en petits morceaux
2 ciboules émincées
½ piment rouge finement haché
1 poignée de coriandre fraîche

Pour la sauce, mélangez :

1 cuil. à soupe d'huile d'olive vierge extra
1 cuil. à soupe de sauce végétalienne à la noix de
coco et au gingembre (page 26)
1 pincée de sel

POULET, QUINOA, COURGETTE ET TOMATES CERISES

Pour la salade, disposez dans l'assiette :

½ courgette détaillée en rubans avec un économe

50 g (⅓ tasse) de quinoa noir et blanc précuit

1 poignée de tomates cerises coupées en morceaux

2 ciboules émincées

50 g (2 oz) de poulet rôti coupé en morceaux

1 poignée de graines de courge

1 poignée de basilic frais

Pour la sauce, mélangez :

1 cuil. à soupe d'huile d'olive vierge extra

1 cuil. à café de vinaigre balsamique

1 pincée de sel et de poivre

CRU

VARIANTE
VÉGÉTALIENNE
Ajoutez 50 g
de tofu fumé.

CAROTTE, POIS MANGE-TOUT ET AVOCAT

Pour la salade, disposez dans l'assiette :

50 g (1 ½ tasse) de roquette sauvage (ou ordinaire)
1 poignée de pois mange-tout
½ carotte coupée en bâtonnets
1 avocat coupé en tranches
1 poignée de pignons
3-4 pensées comestibles
1 cuil. à soupe d'huile d'arachide
1 pincée de sel

Pour la sauce, mixez :

2 cuil. à soupe de lait de coco
1 cuil. à soupe de noix de coco séchée
2 cm (¾ po) de gingembre frais, pelé et râpé

VÉGÉTALIEN

SANS RÉGIME SPÉCIAL
Remplacez les tomates séchées par 50 g (2 oz) de jambon fumé.

HARICOTS CANNELLINI ET BABA GHANOUSH

Pour la salade, disposez dans l'assiette :

50 g (1 ½ tasse) de mesclun (laitue feuille de chêne, cresson et roquette)
100 g (½ tasse) de haricots cannellini en boîte
1 poignée de tomates séchées coupées en morceaux
2 ciboules émincées
1 poignée de pignons
3 cuil. à café de baba ghanoush végétalien
(condiment à l'aubergine)
1 poignée de capucines comestibles rouges et jaunes

Pour la sauce, mélangez :

1 cuil. à soupe d'huile d'olive vierge extra
1 cuil. à café de vinaigre balsamique
1 pincée de sel et de poivre

SANS
RÉGIME SPÉCIAL
Remplacez le thon
par du jambon fumé
ou du pastrami.

THON, POIS CHICHES, HARICOTS VERTS ET POIVRONS ROUGES

Pour la salade, disposez dans l'assiette :

1 poivron rouge émincé

100 g (⅔ tasse) de haricots verts
cuits à la vapeur

½ petit oignon rouge émincé

50 g (2 oz) de thon au naturel en boîte
émietté

1 poignée de pois chiches en boîte

1 poignée de persil plat frais

Pour la sauce, mélangez :

1 cuil. à soupe d'huile d'olive vierge extra

1 cuil. à café de vinaigre de cidre

1 pincée de sel et de poivre

VARIANTE VÉGÉTARIENNE
Remplacez le bœuf rôti par du fromage de chèvre ou du brie, ou encore des copeaux de pecorino.

BŒUF RÔTI, QUINOA, COURGETTE ET POIVRONS MARINÉS

Pour la salade, disposez dans l'assiette :

1 courgette détaillée en lanières avec un couteau à julienne

50 g (⅓ tasse) de quinoa blanc précuit

50 g (2 oz) de bœuf rôti finement tranché

1 poignée de poivrons rouges marinés en pot

1 poignée de graines de courge

1 poignée de germes de ciboule

Pour la sauce, mélangez :

1 cuil. à soupe d'huile d'olive vierge extra

1 cuil. à café de vinaigre balsamique

1 pincée de sel et de poivre

VÉGÉTALIEN

VARIANTE
VÉGÉTARIENNE
Ajoutez 50 g (½ tasse)
de copeaux de pecorino
ou de parmesan.

PÂTES AU BLÉ COMPLET, HARICOTS CANNELLINI ET TOMATES

Pour la salade, disposez dans l'assiette :

100 g (1 tasse) de fusillis au blé complet précuits
100 g (½ tasse) de haricots cannellini en boîte
100 g (¾ tasse) de tomates cerises coupées en deux
1 poignée de basilic frais

Pour la sauce, mélangez :

1 cuil. à soupe d'huile d'olive vierge extra au piment
1 cuil. à café de vinaigre balsamique
1 pincée de sel et de poivre

VARIANTE VÉGÉTALIENNE
Remplacez la feta
par du concombre
et 1 poignée
de pignons grillés.

QUINOA, FETA, POIVRONS ET OLIVES NOIRES

Pour la salade, disposez dans l'assiette :

100 g (⅔ tasse) de quinoa rouge et blanc précuits

½ poivron rouge coupé en dés

½ poivron jaune coupé en dés

¼ d'oignon rouge coupé en dés

1 poignée d'olives noires dénoyautées et coupées en deux

50 g (⅓ tasse) de feta coupée en cubes

1 poignée de persil plat frais

Pour la sauce, mélangez :

1 cuil. à soupe d'huile d'olive vierge extra

1 cuil. à café de vinaigre balsamique

1 pincée de sel et de poivre

CRU

VARIANTE VÉGÉTARIENNE
Ajoutez 50 g (⅓ tasse) de fromage, comme du chèvre ou du brie.

MÛRES, MELON ET GRAINES DE CHANVRE

Pour la salade, disposez dans l'assiette :

50 g (1 ½ tasse) de mesclun
100 g (¾ tasse) de melon charentais ou
de cantaloup coupé en morceaux
100 g (¾ tasse) de mûres
1 poignée de graines de chanvre décortiquées
4 pensées comestibles

Pour la sauce, mélangez :

1 cuil. à soupe d'huile d'olive vierge extra
1 cuil. à café de jus de citron
1 pincée de sel et de poivre

VÉGÉTARIEN

VARIANTE CRUDIVORE
Remplacez le fromage de chèvre par des graines de grenade, des raisins frais ou secs.

FROMAGE DE CHÈVRE, MELON, BLEUETS ET ÉPINARDS

Pour la salade, disposez dans l'assiette :

50 g (1 ½ tasse) de jeunes pousses d'épinards

100 g (¾ tasse) de melon charentais ou de cantaloup coupé en morceaux

1 poignée de bleuets

50 g (⅓ tasse) de fromage de chèvre ferme (ou de brie) coupé en morceaux

1 cuil. à soupe de graines de chanvre décortiquées

1 poignée de menthe fraîche

Pour la sauce, mélangez :

1 cuil. à soupe d'huile d'olive vierge extra

1 cuil. à café de vinaigre balsamique

1 pincée de sel et de poivre

POULET, QUINOA, TOMATES SÉCHÉES ET AVOCAT

Pour la salade, disposez dans l'assiette :

50 g (1 ½ tasse) de cresson

50 g (⅓ tasse) de concombre coupé en bâtonnets

50 g (⅓ tasse) de quinoa rouge et blanc précuit

½ avocat coupé en morceaux

1 poignée de tomates séchées

50 g (2 oz) de poulet rôti coupé en morceaux

1 poignée de coriandre fraîche

Pour la sauce, mélangez :

1 cuil. à soupe d'huile d'olive vierge extra

1 cuil. à café de vinaigre balsamique

1 pincée de sel et de poivre

VÉGÉTARIEN

VARIANTE VÉGÉTALIENNE
Remplacez le fromage de chèvre par 1 avocat et ¼ d'oignon rouge.

FROMAGE DE CHÈVRE, CHOU KALE, CONCOMBRE ET TOMATES

Pour la salade, disposez dans l'assiette :

50 g (1 ½ tasse) de chou kale (ou, à défaut, de chou frisé) coupé en morceaux (sans les tiges)

100 g (⅔ tasse) de concombre coupé en longs bâtonnets

100 g (¾ tasse) de tomates coupées en quartiers

50 g (⅓ tasse) de fromage de chèvre ferme (ou de brie) coupé en morceaux

1 poignée de pignons

1 poignée de basilic frais

Pour la sauce, mélangez :

1 cuil. à soupe d'huile d'olive vierge extra

1 cuil. à café de vinaigre balsamique

1 pincée de sel et de poivre

VARIANTE VÉGÉTALIENNE
Remplacez le saumon rôti par 1 cuil. à soupe de graines de sésame ou de lin.

SAUMON, HARICOTS NOIRS ET PÂTES AU BLÉ COMPLET

Pour la salade, disposez dans l'assiette :

100 g (1 tasse) de pennes au blé complet précuites
100 g (½ tasse) de haricots noirs en boîte
100 g (¾ tasse) de tomates cerises
50 g (½ tasse) de fleurettes de brocoli, crues ou précuites à la vapeur, divisées en petits morceaux
50 g (2 oz) de saumon cuit émietté
2 ciboules émincées
1 cuil. à café de nori (algues grillées) en poudre

Pour la sauce, mélangez :

1 cuil. à soupe d'huile d'olive vierge extra
1 cuil. à café de vinaigre de cidre
1 pincée de sel et de poivre

VÉGÉTALIEN

VARIANTE
VÉGÉTARIENNE
Ajoutez 50 g (½ tasse)
de copeaux de pecorino
ou de parmesan.

ORGE, AUBERGINE RÔTIE ET OIGNON ROUGE

Pour la salade, disposez dans l'assiette :

100 g (½ tasse) d'orge précuite

1 aubergine rôtie coupée en petits morceaux

1 oignon rouge rôti émincé

1 poignée de basilic frais

Pour la sauce, mélangez :

1 cuil. à soupe d'huile d'olive vierge extra

1 cuil. à café de vinaigre balsamique

1 pincée de sel et de poivre

SANS RÉGIME
SPÉCIAL

VARIANTE
CRUDIVORE
Remplacez la feta et
le jambon par des pignons,
1 cuil. à soupe de câpres
et ¼ d'oignon rouge.

JAMBON FUMÉ, FETA, CHOU ET TOMATES CERISES

Pour la salade, disposez dans l'assiette :

100 g (1 ½ tasse) de chou blanc coupé en fines lanières

100 g (¾ tasse) de tomates cerises coupées en quartiers

50 g (⅓ tasse) de concombre coupé en morceaux

50 g (⅓ tasse) de feta coupée en cubes

50 g (2 oz) de jambon fumé

1 botte de ciboulette fraîche ciselée

quelques feuilles de persil plat frais

Pour la sauce, mélangez :

1 cuil. à soupe d'huile d'olive vierge extra

1 cuil. à café de vinaigre de cidre

1 pincée de sel et de poivre

ÉTÉ

VARIANTE
VÉGÉTALIENNE
Ajoutez 100 g (½ tasse)
d'edamames (fèves de
soya), de doliques ou
de pois chiches
en boîte.

CHOU PALMIER NOIR, POIVRON ROUGE ET CONCOMBRE

Pour la salade, disposez dans l'assiette :

2-3 feuilles de chou palmier noir coupées en lanières
(sans les tiges)
100 g (⅔ tasse) de concombre coupé en bâtonnets
½ petit poivron rouge émincé
1 poignée de pignons
1 poignée de coriandre fraîche

Pour la sauce, mélangez :

2 cuil. à café de miso blanc doux (ou de crème de soya)
1 cuil. à soupe d'huile d'arachide
1 cuil. à café de vinaigre de cidre
1 pincée de sel et de poivre
1 cuil. à café de nectar d'agave
2 cm (¾ po) de gingembre frais pelé et râpé

VÉGÉTALIEN

VARIANTE
VÉGÉTARIENNE
Remplacez la crème
d'avoine par du yaourt
nature ou de la crème
fraîche.

QUINOA, POIS CHICHES ET AUBERGINE RÔTIE

Pour la salade, disposez dans l'assiette :

150 g (1 tasse) de quinoa rouge et blanc précuit

100 g (½ tasse) de pois chiches en boîte

½ aubergine rôtie coupée en morceaux

1 poignée de persil plat frais

Pour la sauce, mélangez :

1 cuil. à soupe d'huile d'olive vierge extra

1 cuil. à café de vinaigre de cidre

1 pincée de sel

1 cuil. à café de tahini

1 cuil. à soupe de crème d'avoine

2 pincées de filaments de safran

VARIANTE
VÉGÉTALIENNE
Remplacez le thon
par du céleri.

THON, POIS CHICHES ET TOMATES CERISES

Pour la salade, disposez dans l'assiette :

100 g (¾ tasse) de tomates cerises coupées
en quartiers

100 g (½ tasse) de pois chiches en boîte

½ petite sucrine

100 g (4 oz) de thon au naturel en boîte
émietté

1 botte de ciboulette fraîche ciselée

Pour la sauce, mélangez :

1 cuil. à soupe d'huile d'olive vierge extra

1 cuil. à café de jus de citron

1 pincée de sel et de poivre

AUTOMNE

VÉGÉTALIEN

SANS
RÉGIME SPÉCIAL
Ajoutez 50 g (2 oz)
de blanc de poulet rôti
ou de chorizo.

HARICOTS NOIRS, AVOCAT ET RIZ COMPLET

Pour la salade, disposez dans l'assiette :

100 g (½ tasse) de riz basmati cuit

100 g (½ tasse) de haricots noirs en boîte

½ avocat coupé en morceaux

1 poignée de tomates cerises coupées
en quatre

1 poignée de feuilles de coriandre

1 petit piment rouge finement haché

Pour la sauce, mélangez :

1 cuil. à soupe d'huile d'olive vierge extra

1 cuil. à café de jus de citron

1 pincée de sel et de poivre

VÉGÉTARIEN

VARIANTE CRUDIVORE
Remplacez le cheddar par des fruits et des pignons supplémentaires.

CHEDDAR FUMÉ, PRUNES ET FRAMBOISES

Pour la salade, disposez dans l'assiette :

50 g (1 ½ tasse) de jeunes pousses d'épinards
2 prunes jaunes coupées en morceaux
100 g (¾ tasse) de framboises
50 g (½ tasse) de cheddar fumé au chêne coupé en morceaux
1 poignée de pignons
1 poignée de menthe fraîche

Pour la sauce, mélangez :

1 cuil. à soupe d'huile d'olive vierge extra
1 cuil. à café de vinaigre balsamique
1 pincée de sel et de poivre

**VARIANTE
CRUDIVORE**

Remplacez le saumon par
1 avocat et ½ petit piment
rouge et utilisez du maïs
fraîchement égréné.

SAUMON FUMÉ, MAÏS ET BROCOLI

Pour la salade, disposez dans l'assiette :

50 g (1 ½ tasse) de roquette
100 g (⅔ tasse) de maïs doux, frais ou en boîte
100 g (1 tasse) de fleurettes de brocoli
divisées en petits morceaux
50 g (2 oz) de saumon fumé à chaud émietté
1 botte de ciboulette fraîche ciselée

Pour la sauce, mélangez :

1 cuil. à soupe d'huile d'olive vierge extra
1 cuil. à café de vinaigre balsamique
1 pincée de sel et de poivre

JAMBON FUMÉ, COUSCOUS, BROCOLI ET PETITS POIS

Pour la salade, disposez dans l'assiette :

100 g (½ tasse) de semoule de blé complet cuite

50 g (⅓ tasse) de petits pois cuits à la vapeur

100 g (1 tasse) de fleurettes de brocoli divisées
en petits morceaux

50 g (2 oz) de jambon fumé

1 botte de ciboulette ciselée

Pour la sauce, mélangez :

1 cuil. à soupe d'huile d'olive vierge extra

1 cuil. à café de vinaigre de cidre

1 pincée de sel et de poivre

1 pincée de persil séché

VARIANTE AVEC POISSON
Ajoutez 50 g (2 oz) de poisson ou de fruits de mer cuits (thon, sardines, anchois, saumon ou crevettes).

BROCOLI, MAÏS ET TOMATES CERISES

Pour la salade, disposez dans l'assiette :

60 g (1 ¾ tasse) de laitue feuille de chêne rouge
50 g (⅓ tasse) de tomates cerises coupées en deux
100 g (1 tasse) de fleurettes de brocoli divisées en petits morceaux
1 poignée de maïs doux fraîchement égrené
1 poignée de persil plat frais
2 ciboules émincées

Pour la sauce, mélangez :

1 cuil. à soupe d'huile d'olive vierge extra
1 cuil. à café de vinaigre de cidre
1 pincée de sel et de poivre

HARICOTS CANNELLINI, TOMATES ET HOUMMOS

Pour la salade, disposez dans l'assiette :

50 g (1 ½ tasse) de mesclun

150 g (1 tasse) de tomates cerises coupées
en deux

150 g (¾ tasse) de haricots cannellini en boîte

Pour la sauce, mélangez :

1 cuil. à soupe d'huile d'olive vierge extra

1 cuil. à café de vinaigre de cidre

1 cuil. à soupe d'hoummos végétalien

1 pincée de sel et de poivre

**VARIANTE
CRUDIVORE**
Remplacez le poulet
par des pois mange-tout
et le quinoa par du
maïs jeune.

POULET RÔTI, QUINOA, POIVRON ROUGE ET CACAHUÈTES

Pour la salade, disposez dans l'assiette :

100 g (⅔ tasse) de quinoa rouge et blanc précuit
½ petit poivron rouge émincé
1 poignée de germes de soya
50 g (2 oz) de poulet précuit coupé en tranches
1 poignée de cacahuètes
2 ciboules finement émincées
1 poignée de coriandre fraîche

Pour la sauce, mélangez :

1 cuil. à soupe d'huile végétale
1 cuil. à café de jus de citron vert
1 pincée de sel
1 pincée de piment en poudre
1 cuil. à café de nectar d'agave

VARIANTE VÉGÉTALIENNE

Remplacez le maquereau par du concombre et ajoutez 50 g (⅓ tasse) de quinoa en plus..

MAQUEREAU FUMÉ, QUINOA ET COURGETTE

Pour la salade, disposez dans l'assiette :

1 petite courgette détaillée en rubans à l'aide d'un économe

100 g (¾ tasse) de tomates cerises rouges et jaunes, coupées en deux

50 g (⅓ tasse) de quinoa noir précuit

50 g (2 oz) de maquereau émietté

1 poignée de persil plat frais

Pour la sauce, mélangez :

1 cuil. à soupe d'huile d'olive vierge extra

1 cuil. à café de jus de citron

1 pincée de sel et de poivre

CHAMPIGNONS SHIITAKE, POIVRON ROUGE ET ALGUES NORI

Pour la salade, disposez dans l'assiette :

50 g (1 ½ tasse) de roquette

½ poivron rouge émincé

100 g (4 oz) de champignons shiitake frits, coupés

1 poignée d'algues nori coupées en fines lanières
et pré-grillées, puis remuées dans un filet d'huile
de tournesol et de sauce soya

1 cuil. à café de graines de sésame grillées

2 ciboules émincées

Pour la sauce, mélangez :

1 cuil. à soupe d'huile végétale

1 cuil. à café d'huile de sésame

1 cuil. à café de sauce tamari

1 pincée de sel et de poivre

VARIANTE VÉGÉTALIENNE

Remplacez le thon par 100 g (½ tasse) de haricots en boîte de votre choix.

THON, COURGETTES, BROCOLI ET OLIVES NOIRES

Pour la salade, disposez dans l'assiette :

50 g (1 ½ tasse) de pousses d'épinards

½ courgette détaillée en rubans à l'aide d'un économe

50 g (½ tasse) de fleurettes de brocoli divisées en petits morceaux

50 g (2 oz) de thon au naturel en boîte, émietté

1 poignée d'olives noires dénoyautées

1 botte de ciboulette fraîche ciselée

Pour la sauce, mélangez :

1 cuil. à soupe d'huile d'olive vierge extra

1 cuil. à café de vinaigre de cidre

1 pincée de sel et de poivre

CRU

SANS
RÉGIME SPÉCIAL
Ajoutez 50 g (2 oz)
de bœuf rôti ou de
jambon fumé.

BROCOLI, CAROTTE ET TOMATES CERISES

Pour la salade, disposez dans l'assiette :

1 carotte violette (ou ordinaire) détaillée en rubans
à l'aide d'un économe

100 g (1 tasse) de fleurettes de brocoli divisées
en petits morceaux

100 g (¾ tasse) de tomates cerises coupées en quatre

1 poignée de câpres

2 cuil. à soupe de graines de courge

2 cuil. à soupe de graines de chanvre décortiquées

Pour la sauce, mélangez :

1 cuil. à soupe d'huile d'olive vierge extra

1 cuil. à café de vinaigre de cidre

1 pincée de sel et de poivre

VÉGÉTALIEN

VARIANTE VÉGÉTARIENNE
Remplacez la crème végétalienne par de la crème fraîche épaisse.

HARICOTS VERTS, POMMES DE TERRE NOUVELLES ET BROCOLI

Pour la salade, disposez dans l'assiette :

4-5 pommes de terre nouvelles cuites à la vapeur et coupées en deux

50 g (⅓ tasse) de haricots verts cuits à la vapeur

50 g (½ tasse) de fleurettes de brocoli cuites à la vapeur

1 poignée de pignons

quelques feuilles de thym frais

Pour la sauce, mélangez :

1 cuil. à soupe d'huile d'olive vierge extra

1 cuil. à café de vinaigre de cidre

1 cuil. à soupe de crème végétalienne (soya ou avoine)

1 pincée de sel et de poivre

VÉGÉTARIEN

VARIANTE
VÉGÉTALIENNE
Remplacez le bleu
par 100 g (⅔ tasse)
de haricots cuits à la
vapeur (edamames
ou fèves).

FENOUIL, BLEU ET PISTACHES

Pour la salade, disposez dans l'assiette :

60 g (1 ¾ tasse) de laitue romaine déchiquetée
½ fenouil finement tranché
50 g (1 ⅓ tasse) de bleu émietté
1 poignée de pistaches grillées

Pour la sauce, mélangez :

1 cuil. à soupe d'huile d'olive vierge extra
1 cuil. à café de vinaigre balsamique
1 pincée de sel et de poivre
1 cuil. à soupe de graines de fenouil

VARIANTE CRUDIVORE

Remplacez la feta par 1 poignée supplémentaire d'amandes et de raisins secs.

FETA, POIVRON ROUGE, CÉLERI ET AMANDES

Pour la salade, disposez dans l'assiette :

2 branches de céleri émincées

1 poivron rouge coupé en morceaux

50 g (⅓ tasse) de feta coupée en dés

1 poignée d'amandes hachées

1 poignée de raisins secs

1 pincée de flocons de piment

Pour la sauce, mélangez :

1 cuil. à soupe d'huile d'olive vierge extra

1 cuil. à café de vinaigre balsamique

1 pincée de sel et de poivre

VÉGÉTALIEN

VARIANTE
AVEC DU POISSON
Ajoutez du saumon
grillé ou des crevettes
cuites.

QUINOA, COURGETTE FRITE ET ROQUETTE

Pour la salade, disposez dans l'assiette :

50 g (1 ½ tasse) de roquette
100 g (⅔ tasse) de quinoa rouge et blanc précuit
1 courgette coupée en morceaux et frite
1 bouquet de basilic frais

Pour la sauce, mélangez :

1 cuil. à soupe d'huile d'olive vierge extra
1 cuil. à café de vinaigre balsamique
1 pincée de sel et de poivre

VARIANTE VÉGÉTALIENNE

Remplacez le parmesan par des champignons et des noix supplémentaires.

QUINOA, POIS MANGE-TOUT, BROCOLI ET CHAMPIGNONS

Pour la salade, disposez dans l'assiette :

100 g (⅔ tasse) de quinoa rouge et blanc précuit

1 poignée de pois mange-tout

100 g (1 tasse) de fleurettes de brocoli divisées en petits morceaux

50 g (¾ tasse) de champignons de couche émincés

50 g (½ tasse) de copeaux de parmesan

1 poignée de noix concassées

1 poignée de persil plat frais

Pour la sauce, mélangez :

1 cuil. à soupe d'huile d'olive vierge extra

1 cuil. à café de vinaigre balsamique

1 pincée de sel et de poivre

BŒUF RÔTI, CAROTTE ET JEUNES BLETTES

Pour la salade, disposez dans l'assiette :

50 g (1 ½ tasse) de jeunes blettes
1 carotte détaillée en fines lanières avec un
couteau à julienne
50 g (2 oz) de bœuf rôti finement tranché
50 g (½ tasse) de copeaux de pecorino
1 poignée de ciboulette ciselée

Pour la sauce, mélangez :

1 cuil. à soupe d'huile d'olive vierge extra
1 cuil. à café de vinaigre balsamique
1 pincée de sel et de poivre

VARIANTE VÉGÉTALIENNE
Remplacez les crevettes par 1 poignée d'edamames (fèves de soya).

CREVETTES, RIZ ROUGE, CONCOMBRE ET ALGUES NORI

Pour la salade, disposez dans l'assiette :

100 g (⅔ tasse) de concombre coupé en lanières

80 g (⅓ tasse) de riz rouge précuit

50 g (2 oz) de crevettes précuites

2 ciboules émincées

1 cuil. à café de nori (algues grillées) en poudre

1 cuil. à café de graines de pavot

Pour la sauce, mélangez :

1 cuil. à soupe d'huile d'olive vierge extra

1 cuil. à café de sauce soya claire

1 cuil. à café de wasabi en poudre

1 cuil. à café de gingembre en poudre

1 cuil. à café d'huile de sésame grillé

VARIANTE VÉGÉTALIENNE
Remplacez les amandes
de la sauce par
de la crème de soya
ou d'avoine.

CHOU PALMIER NOIR, FRAMBOISES ET MÛRES

Pour la salade, disposez dans l'assiette :

100 g (3 tasses) de chou palmier noir coupé
en lanières (sans les tiges)
1 poignée de framboises
1 poignée de mûres

Pour la sauce, mixez :

1 cuil. à soupe d'huile d'olive vierge extra
1 poignée d'amandes ayant trempé dans l'eau
toute une nuit, puis égouttées
1 cuil. à soupe d'eau
1 cuil. à café de jus de citron
1 pincée de sel

VARIANTE VÉGÉTARIENNE

Remplacez la crème de soya par 2 cuil. à soupe de yogourt à la grecque.

AUBERGINES GRILLÉES, POIS CHICHES ET GRENADE

Pour la salade, disposez dans l'assiette :

1 petit concombre coupé en lanières
100 g (½ tasse) de pois chiches en boîte
1 poignée de graines de grenade
1 aubergine grillée coupée en morceaux
1 poignée de menthe fraîche

Pour la sauce, mélangez :

1 cuil. à soupe d'huile d'olive vierge extra
2 cuil. à soupe de crème de soya
1 pincée de sel et de poivre

SANS RÉGIME
SPÉCIAL

VARIANTE
CRUDIVORE
Remplacez la coppa
par ½ poire
supplémentaire.

COPPA, POIRE, MÛRES ET NOIX

Pour la salade, disposez dans l'assiette :

50 g (1 ½ tasse) de mesclun
1 poignée de mûres
½ poire coupée en morceaux
1 poignée de graines de grenade
50 g (2 oz) de coppa coupée en tranches fines
1 poignée de noix

Pour la sauce, mélangez :

1 cuil. à soupe d'huile d'olive vierge extra
1 cuil. à café de vinaigre balsamique
1 pincée de sel et de poivre

VÉGÉTARIEN

VARIANTE VÉGÉTALIENNE
Remplacez le fromage cottage par du melon.

MÛRES, FROMAGE COTTAGE, ÉPINARDS ET CROÛTONS

Pour la salade, disposez dans l'assiette :

50 g (1 ½ tasse) de jeunes pousses d'épinards
100 g (¾ tasse) de mûres
1 poignée de croûtons de pain complet
100 g (½ tasse) de fromage cottage
1 botte de ciboulette fraîche ciselée

Pour la sauce, mélangez :

1 cuil. à soupe d'huile d'olive vierge extra
1 cuil. à café de vinaigre balsamique
1 pincée de sel et de poivre

VÉGÉTALIEN

SANS
RÉGIME SPÉCIAL
Ajoutez 50 g (2 oz)
de poulet rôti.

AUBERGINES AU FOUR, TOMATES ET PESTO

Pour la salade, disposez dans l'assiette :

60 g (1 ¾ tasse) de laitue feuille de chêne
rouge (ou de mesclun)
100 g (¾ tasse) de tomates coupées
en morceaux
1 aubergine cuite coupée en dés
1 poignée de basilic frais

Pour la sauce, mélangez :

1 cuil. à soupe d'huile d'olive vierge extra
1 cuil. à soupe de pesto vert (page 25)
1 pincée de sel et de poivre

VARIANTE VÉGÉTARIENNE

Ajoutez 50 g (⅓ tasse) de fromage de chèvre ferme, de brie ou de bleu.

CAROTTE, CHAMPIGNONS, GRENADE ET NOIX

Pour la salade, disposez dans l'assiette :

60 g (1 ¾ tasse) de mesclun
1 carotte violette (ou ordinaire) détaillée
en rubans à l'aide d'un économe
100 g (1 ½ tasse) de gros champignons
de Paris coupés en morceaux
1 poignée de graines de grenade
1 poignée de noix concassées
1 poignée de persil plat frais

Pour la sauce, mélangez :

1 cuil. à soupe d'huile d'olive vierge extra
1 cuil. à café de vinaigre de cidre
1 pincée de sel et de poivre
2 cuil. à soupe de sauce aux fruits à coque
et au citron (page 26)

CRU

VARIANTE
AVEC DU POISSON
Ajoutez 50 g (2 oz)
de crevettes cuites.

POIVRON ROUGE, CAROTTE ET NOIX DE CAJOU

Pour la salade, disposez dans l'assiette :

1 carotte détaillée en rubans à l'aide
d'un économe
1 poivron rouge émincé
2 ciboules émincées
1 poignée de noix de cajou
1 poignée de coriandre fraîche

Pour la sauce, mixez :

2 cuil. à soupe d'eau de coco
2 cuil. à soupe de noix de cajou
1 cuil. à soupe d'huile végétale
1 cuil. à café de jus de citron
1 cuil. à café de gingembre en poudre

VÉGÉTARIEN

VARIANTE
CRUDIVORE
Remplacez la feta par
des graines de courge
et utilisez des olives
noires au naturel.

FETA, POIVRON JAUNE, ÉPINARDS ET OLIVES NOIRES

Pour la salade, disposez dans l'assiette :

50 g (1 ½ tasse) de jeunes pousses d'épinards
1 poivron jaune émincé
½ petit oignon rouge émincé
50 g (⅓ tasse) de feta coupée en dés
1 poignée d'olives noires dénoyautées et coupées
en deux

Pour la sauce, mélangez :

1 cuil. à soupe d'huile d'olive vierge extra
1 cuil. à café de vinaigre de cidre
1 pincée de sel et de poivre

VARIANTE
VÉGÉTARIENNE
Remplacez les anchois
par du fromage de
chèvre ou de la feta.

ANCHOIS, CHOU-FLEUR, CÂPRES ET TOMATES

Pour la salade, disposez dans l'assiette :

100 g (1 tasse) de bouquets de chou-fleur divisés
en petits morceaux

60 g (⅓ tasse) de tomates cerises coupées
en morceaux

1 poignée de câpres

50 g (¼ tasse) d'anchois marinés, coupés en morceaux

1 poignée de persil plat frais

1 botte de ciboulette fraîche ciselée

Pour la sauce, mélangez :

1 cuil. à soupe d'huile d'olive vierge extra

1 cuil. à café de vinaigre balsamique

1 pincée de sel

1 pincée de poivre rose

VÉGÉTARIEN

VARIANTE
VÉGÉTALIENNE
Remplacez la feta par
100 g (½ tasse)
de cannellini ou de
haricots blancs
en boîte.

FETA, COUSCOUS ET AUBERGINE AU FOUR

Pour la salade, disposez dans l'assiette :

100 g (½ tasse) de semoule complète cuite
½ aubergine cuite au four et coupée en dés
1 poignée de tomates séchées
50 g (⅓ tasse) de feta coupée en dés
1 poignée de menthe fraîche

Pour la sauce, mélangez :

1 cuil. à soupe d'huile d'olive vierge extra
1 cuil. à café de vinaigre balsamique
1 pincée de sel et de poivre

VARIANTE VÉGÉTALIENNE
Ajoutez 100 g (½ tasse) de pois chiches en boîte ou de haricots verts cuits à la vapeur.

BETTERAVE, COURGETTE, GRENADE ET LUZERNE

Pour la salade, disposez dans l'assiette :

50 g (1 ½ tasse) de mesclun (cresson de fontaine, roquette, bettes et laitue feuille de chêne rouge)
1 petite betterave coupée en dés
1 courgette coupée en bâtonnets
1 poignée de graines de grenade
1 cuil. à soupe de graines de chanvre décortiquées
1 poignée de germes de luzerne

Pour la sauce, mélangez :

1 cuil. à soupe d'huile d'olive vierge extra
1 cuil. à café de vinaigre de cidre
1 pincée de sel et de poivre
1 cuil. à soupe de moutarde (obtenue en faisant tremper toute une nuit 2 cuil. à soupe de graines de moutarde jaune et 2 cuil. à soupe de graines de moutarde brune dans 2 cuil. à soupe de vinaigre de cidre, 1 cuil. à soupe d'eau et 1 cuil. à café de nectar d'agave, puis en mélangeant le tout)

**VARIANTE
VÉGÉTALIENNE**

Remplacez le bœuf par
des haricots en boîte,
des haricots aduki ou
des haricots blancs.

BŒUF RÔTI, BETTERAVE, GRENADE ET ZESTE D'ORANGE

Pour la salade, disposez dans l'assiette :

50 g (1 ½ tasse) de jeunes pousses d'épinards
½ betterave coupée en fines tranches
1 poignée de graines de grenade
100 g (4 oz) de bœuf rôti finement tranché
quelques fines lanières de zeste d'orange
1 poignée de noix concassées
quelques feuilles de thym frais

Pour la sauce, mélangez :

1 cuil. à soupe d'huile d'olive vierge extra
1 cuil. à café de jus d'orange
1 pincée de sel et de poivre

PECORINO, TOMATES SÉCHÉES ET HARICOTS VERTS

Pour la salade, disposez dans l'assiette :

100 g (½ tasse) de haricots verts cuits
à la vapeur
1 poignée de tomates séchées coupées
en morceaux
50 g (½ tasse) de copeaux de pecorino
2 ciboules émincées
1 poignée de persil plat frais

Pour la sauce, mélangez :

1 cuil. à soupe d'huile d'olive vierge extra
1 cuil. à café de vinaigre balsamique
1 pincée de sel et de poivre

VARIANTE
VÉGÉTALIENNE
Remplacez le thon
par 1 poignée d'olives
noires.

THON, COUSCOUS, HARICOTS VERTS ET TOMATES CERISES

Pour la salade, disposez dans l'assiette :

100 g (½ tasse) de couscous cuit

100 g (½ tasse) de haricots verts cuits
à la vapeur

100 g (¾ tasse) de tomates cerises coupées
en deux

50 g (2 oz) de thon au naturel en boîte, émietté

1 poignée de persil plat frais

Pour la sauce, mélangez :

1 cuil. à soupe d'huile d'olive vierge extra

1 cuil. à café de jus de citron

1 pincée de sel et de poivre

VÉGÉTALIEN

VARIANTE AVEC DU POISSON
Ajoutez des anchois marinés ou du maquereau fumé.

GROS HARICOTS BLANCS, COURGETTE ET OLIVES NOIRES

Pour la salade, disposez dans l'assiette :

1 petite sucrine

1 courgette détaillée en fines lanières
avec un couteau à julienne

100 g (½ tasse) de gros haricots blancs
en boîte

1 poignée de basilic frais

1 poignée d'olives noires dénoyautées
et coupées en deux

Pour la sauce, mélangez :

1 cuil. à café d'huile d'olive vierge extra

1 cuil. à soupe de tapenade (page 25)

1 cuil. à café de vinaigre de cidre

1 pincée de sel et de poivre

VARIANTE VÉGÉTALIENNE

Ajoutez 50 g (¼ tasse) de haricots verts ou de petits pois cuits à la vapeur, ou du quinoa rouge cuit.

TOMATES SÉCHÉES, COURGETTES ET PIGNONS

Pour la salade, disposez dans l'assiette :

2 petites courgettes détaillées en rubans à l'aide d'un économe

1 poignée de tomates séchées

1 poignée d'olives noires dénoyautées coupées en deux

1 poignée de pignons

1 poignée d'aneth frais

Pour la sauce, mélangez :

1 cuil. à soupe d'huile d'olive vierge extra

1 cuil. à café de vinaigre de cidre

1 pincée de sel et de poivre

CRU

VARIANTE
VÉGÉTARIENNE
Ajoutez un fromage à
pâte moyennement dure
comme du manchego,
du gouda ou du
cheddar.

CHOU PALMIER NOIR, AVOCAT ET GERMES DE SOYA

Pour la salade, disposez dans l'assiette :

100 g (3 tasses) de chou palmier noir coupé
en lanières (sans les tiges)

100 g (¾ tasse) de tomates cerise coupées
en deux

¼ de petit oignon rouge haché

1 avocat coupé en morceaux

1 poignée de germes de soya

Pour la sauce, mélangez :

1 cuil. à soupe d'huile d'olive vierge

1 cuil. à café de vinaigre de cidre

1 pincée de sel et de poivre

VARIANTE CRUDIVORE
Remplacez le thon par des pignons supplémentaires et 100 g (¾ tasse) de concombre.

THON, CHOU PALMIER NOIR, CAROTTE ET TOMATES SÉCHÉES

Pour la salade, disposez dans l'assiette :

50 g (1 ½ tasse) de chou palmier noir coupé en lanières (sans les tiges)

½ petite carotte détaillée en rubans à l'aide d'un économe

1 poignée de tomates séchées

50 g (2 oz) de thon au naturel en boîte émietté

1 poignée de pignons

1 botte de ciboulette fraîche ciselée

Pour la sauce, mélangez :

1 cuil. à soupe d'huile d'olive vierge extra

1 cuil. à café de jus de citron

1 pincée de sel et de poivre

137

SPECK, BLEU, MÛRES ET CÉLERI

Pour la salade, disposez dans l'assiette :

50 g (½ tasse) de mesclun

1 poignée de mûres

1 branche de céleri émincée

50 g (2 oz) de speck finement tranché

50 g (⅓ tasse) de bleu émietté

1 poignée de noix concassées

1 poignée de menthe fraîche

Pour la sauce, mélangez :

1 cuil. à soupe d'huile d'olive vierge extra

1 cuil. à café de vinaigre balsamique

1 pincée de sel et de poivre

VARIANTE
VÉGÉTARIENNE
Ajoutez du fromage
(ricotta salée,
fromage de chèvre
ou pecorino jeune).

FIGUES, MÛRES ET NOISETTES

Pour la salade, disposez dans l'assiette :

50 g (1 ½ tasse) de mesclun (bettes, cresson
de fontaine et laitue feuille de chêne rouge)

1 poignée de mûres

2 figues coupées en quartiers

1 poignée de noisettes hachées

1 poignée de menthe fraîche

Pour la sauce, mélangez :

1 cuil. à soupe d'huile d'olive vierge extra

1 cuil. à café de vinaigre de cidre

1 pincée de sel et de poivre

VÉGÉTARIEN

VARIANTE
CRUDIVORE
Remplacez le pecorino
par 1 poignée de
framboises, de cerises,
ou 1 pêche.

PECORINO, RAISIN NOIR ET PIGNONS

Pour la salade, disposez dans l'assiette :

100 g (3 tasses) de mesclun (cresson de fontaine,
blettes et laitue feuille de chêne rouge)
100 g (1 tasse) de raisins noirs coupés en deux
50 g (½ tasse) de copeaux de pecorino
1 poignée de pignons

Pour la sauce, mélangez :

1 cuil. à soupe d'huile d'olive vierge extra
1 cuil. à café de vinaigre balsamique
1 pincée de sel et de poivre

VARIANTE VÉGÉTARIENNE
Remplacez la sauce aux noix et au citron par de la crème fraîche ou du yogourt nature.

RAISIN ROUGE, CÉLERI ET NOIX

Pour la salade, disposez dans l'assiette :

50 g (1 ½ tasse) de roquette

1 poignée de raisins rouges coupés en deux

2 branches de céleri émincées

1 poignée de noix concassées

1 poignée de persil plat frais

Pour la sauce, mélangez :

1 cuil. à soupe d'huile d'olive vierge extra

1 cuil. à café de jus de citron

1 pincée de sel et de poivre

2 cuil. à soupe de sauce aux fruits à coque et au citron (page 26) faite avec des noisettes

VARIANTE VÉGÉTARIENNE
Remplacez les crevettes par un fromage doux, comme du cheddar ou du manchego.

CREVETTES, COURGETTE, CAROTTE ET PIGNONS

Pour la salade, disposez dans l'assiette :

½ petite courgette détaillée en rubans à l'aide d'un économe

½ petite carotte violette (ou ordinaire) détaillée en rubans à l'aide d'un économe

30 g (¾ tasse) de roquette

50 g (2 oz) de crevettes cuites

1 poignée de pignons

1 botte de ciboulette ciselée

Pour la sauce, mélangez :

1 cuil. à soupe d'huile d'olive vierge extra

1 cuil. à soupe de mayonnaise

1 cuil. à café de vinaigre de cidre

1 pincée de sel et de poivre

1 cuil. à café de paprika fumé

VÉGÉTALIEN

VARIANTE VÉGÉTARIENNE
Ajoutez des copeaux de parmesan et du pesto traditionnel.

HARICOTS CANNELLINI, COURGETTE ET PESTO

Pour la salade, disposez dans l'assiette :

1 courgette détaillée en fines lanières
avec un couteau à julienne

100 g (½ tasse) de haricots cannellini en boîte

2 ciboules émincées

1 poignée de pignons

1 poignée de basilic frais

Pour la sauce, mélangez :

1 cuil. à soupe d'huile d'olive vierge extra

1 cuil. à café de vinaigre balsamique

1 pincée de sel et de poivre

2 cuil. à soupe de pesto vert (page 25)

POULET RÔTI ET COURGETTE, CHOU ET MANCHEGO

Pour la salade, disposez dans l'assiette :

100 g (1 ½ tasse) de chou vert ou chou frisé
de Milan coupé en fines lanières
1 courgette rotie coupée en dés
50 g (2 oz) de poulet rôti coupé en morceaux
50 g (½ tasse) de manchego (de gouda
ou de cheddar) coupé en dés
1 poignée de thym-citron frais

Pour la sauce, mélangez :

1 cuil. à soupe d'huile d'olive vierge extra
1 cuil. à café de vinaigre balsamique
1 pincée de sel et de poivre

VÉGÉTARIEN

SANS
RÉGIME SPÉCIAL
Ajoutez 50 g (2 oz)
de poulet rôti
aux épices.

GOUDA, HARICOTS NOIRS, MAÏS ET TOMATES SÉCHÉES

Pour la salade, disposez dans l'assiette :

50 g (1 ½ tasse) de feuilles de salade
(frisée et mâche)
100 g (½ tasse) de haricots noirs en boîte
1 poignée de maïs doux, frais ou en boîte
1 poignée de tomates séchées coupées
en morceaux
50 g (½ tasse) de gouda (de manchego
ou de cheddar) coupé en dés
1 poignée de coriandre fraîche

Pour la sauce, mélangez :

1 cuil. à soupe d'huile d'olive vierge extra
au piment
1 cuil. à café de vinaigre balsamique
1 pincée de sel et de poivre

VARIANTE VÉGÉTALIENNE

Remplacez les anchois par 1 poignée de câpres et 1 poignée d'olives noires.

ANCHOIS, COUSCOUS, CONCOMBRE ET ZESTE DE CITRON

Pour la salade, disposez dans l'assiette :

100 g (½ tasse) de couscous à gros grains

100 g (¾ tasse) de concombre coupé en morceaux

50 g (¼ tasse) d'anchois marinés coupés en morceaux

1 poignée de zeste de citron coupé en fines lanières

1 poignée de persil plat frais

Pour la sauce, mélangez :

1 cuil. à soupe d'huile d'olive vierge extra

1 cuil. à café de jus de citron

1 pincée de sel et de poivre

1 pincée de flocons de piment

VÉGÉTALIEN

SANS RÉGIME SPÉCIAL
Ajoutez 50 g (2 oz) de blanc de poulet rôti.

PÂTES SANS GLUTEN, OLIVES NOIRES ET PIMENT

Pour la salade, disposez dans l'assiette :

100 g (1 tasse) de pennes sans gluten précuites
100 g (¾ tasse) de tomates cerises coupées en deux
2 ciboules émincées
1 poignée d'olives noires dénoyautées et coupées en deux
1 poignée de persil plat frais
1 petit piment rouge épépiné et émincé

Pour la sauce, mélangez :

1 cuil. à soupe d'huile d'olive vierge extra
1 pincée de sel et de poivre

CHOU ROUGE, TOMATES JAUNES ET POIVRON ROUGE

Pour la salade, disposez dans l'assiette :

100 g (1 tasse) de chou rouge coupé
en fines lanières
1 poivron rouge émincé
100 g (¾ tasse) de tomates jaunes coupées
en morceaux
1 cuil. à café de graines de courge
quelques feuilles de thym frais

Pour la sauce, mélangez :

1 cuil. à soupe d'huile d'olive vierge extra
1 cuil. à café de vinaigre de cidre
1 pincée de sel et de poivre

**VARIANTE
CRUDIVORE**

*Remplacez le jambon
de Parme par des
graines de sésame
supplémentaires
et 1 poignée de
bleuets.*

JAMBON DE PARME, MANGUE, ESTRAGON ET SÉSAME

Pour la salade, disposez dans l'assiette :

80 g (2 ½ tasses) de mesclun (cresson de fontaine
et roquette sauvage)

100 g (⅔ tasse) de mangue coupée en tranches

2 ciboules émincées

50 g (2 oz) de jambon de Parme coupé en
tranches fines

1 cuil. à soupe de graines de sésame

1 poignée d'estragon frais

Pour la sauce, mélangez :

1 cuil. à soupe d'huile d'olive vierge extra

1 cuil. à café de vinaigre balsamique

1 pincée de sel et de poivre

SCAMORZA, ÉPEAUTRE, ARTICHAUTS ET CAROTTE

Pour la salade, disposez dans l'assiette :

100 g (½ tasse) d'épeautre cuit
1 petite carotte détaillée en rubans à l'aide
d'un économe
1 poignée de cœurs d'artichauts grillés marinés,
coupés en morceaux
50 g (½ tasse) de scamorza coupée en dés
1 cuil. à soupe de graines de sésame
1 poignée de persil plat frais

Pour la sauce, mélangez :

1 cuil. à soupe d'huile d'olive vierge extra
1 cuil. à café de vinaigre balsamique
1 pincée de sel et de poivre

VARIANTE CRUDIVORE
Remplacez le couscous et le maquereau par 100 g (1 tasse) de chou-fleur et utilisez de la betterave crue.

MAQUEREAU FUMÉ, COUSCOUS ET BETTERAVE CUITE

Pour la salade, disposez dans l'assiette :

100 g (½ tasse) de semoule complète cuite
1 betterave cuite coupée en morceaux
50 g (½ tasse) de fleurettes de brocoli divisées en petits morceaux
50 g (2 oz) de maquereau fumé émietté
1 cuil. à soupe de graines de moutarde
1 poignée de persil plat frais

Pour la sauce, mélangez :

1 cuil. à soupe d'huile d'olive vierge extra
1 cuil. à café de jus de citron
1 pincée de sel et de poivre

BRESAOLA, QUINOA, MAÏS ET BROCOLI

Pour la salade, disposez dans l'assiette :

100 g (⅔ tasse) de quinoa blanc précuit
50 g (½ tasse) de fleurettes de brocoli divisées
en petits morceaux
50 g (⅓ tasse) de tomates cerises coupées en deux
50 g (⅓ tasse) de maïs doux, frais ou en boîte
1 ciboule émincée
50 g (2 oz) de bresaola (bœuf séché à l'air)
coupée en fines tranches
1 poignée de persil plat frais

Pour la sauce, mélangez :

1 cuil. à soupe d'huile d'olive vierge extra
1 cuil. à café de vinaigre de cidre
1 pincée de sel et de poivre

FENOUIL, BROCOLI, GRENADE ET HOUMMOS

Pour la salade, disposez dans l'assiette :

50 g (1 ½ tasse) de roquette

50 g (½ tasse) de fleurettes de brocoli divisées
en petits morceaux

½ petit bulbe de fenouil émincé

1 poignée de graines de grenade

2 ciboules émincées

1 cuil. à soupe de graines de sésame

1 poignée de menthe fraîche

Pour la sauce, mélangez :

1 cuil. à soupe d'huile d'olive vierge extra

1 cuil. à café de vinaigre de cidre

1 cuil. à soupe d'hoummos végétalien

1 pincée de sel et de poivre

1 pincée de paprika fumé

CRU

VARIANTE VÉGÉTARIENNE
Remplacez la sauce aux noix et au citron par du yogourt nature.

FIGUES, FENOUIL ET GRENADE

Pour la salade, disposez dans l'assiette :

50 g (1 ½ tasse) de roquette
1 petit bulbe de fenouil émincé
2 figues coupées en quatre
1 poignée de graines de grenade
1 botte de ciboulette fraîche ciselée

Pour la sauce, mélangez :

1 cuil. à soupe d'huile d'olive vierge extra
1 cuil. à café de jus de citron
1 pincée de sel et de poivre
2 cuil. à soupe de sauce aux fruits à coque et au citron (page 26) faite avec des noix de cajou

VARIANTE CRUDIVORE

Remplacez le fromage de chèvre par 1 poignée de bleuets ou de raisins roses.

FIGUES, FROMAGE DE CHÈVRE ET NOIX

Pour la salade, disposez dans l'assiette :

50 g (1 ½ tasse) de jeunes pousses d'épinards

2 figues coupées en quatre

50 g (2 oz) de fromage de chèvre ferme coupé en morceaux

1 poignée de noix

1 poignée de menthe fraîche

Pour la sauce, mélangez :

1 cuil. à soupe d'huile d'olive vierge extra

1 cuil. à café de vinaigre balsamique

1 pincée de sel et de poivre

SANS
RÉGIME SPÉCIAL
Ajoutez 50 g (2 oz) de
bœuf rôti ou de jambon,
et remplacez la sauce
aux noix par de la
mayonnaise.

CHOU KALE, HARICOTS VERTS ET TOMATES CERISES

Pour la salade, disposez dans l'assiette :

70 g (2 tasses) de chou kale (ou, à défaut, de chou
frisé) coupé en fines lanières (sans les tiges)
1 poignée de tomates cerises coupées en quartiers
1 poignée de haricots verts ou de pois mange-tout
1 cuil. à soupe de graines de sésame
1 poignée de menthe fraîche

Pour la sauce, mélangez :

1 cuil. à soupe d'huile d'olive vierge extra
1 cuil. à café de vinaigre de cidre
2 cuil. à soupe de sauce aux noix et à l'agave
(page 27) faite avec des graines de sésame
1 pincée de sel et de poivre

VARIANTE
CRUDIVORE
Remplacez le
maquereau
par 1 poignée
de radis.

MAQUEREAU FUMÉ, BROCOLI ET TOMATES CERISES

Pour la salade, disposez dans l'assiette :

50 g (1 ½ tasse) de cresson de fontaine

100 g (1 tasse) de fleurettes de brocoli divisées
en petits morceaux

1 poignée de tomates cerises jaunes ou rouges
coupées en deux

50 g (2 oz) de maquereau fumé émietté

1 poignée de pignons

1 poignée de persil plat frais

Pour la sauce, mélangez :

1 cuil. à soupe d'huile d'olive vierge extra

1 cuil. à café de jus de citron

1 pincée de sel et de poivre

VÉGÉTARIEN

VARIANTE
AVEC DU POISSON
Remplacez le parmesan
par du saumon fumé.

ŒUFS DE CAILLE, PARMESAN, FENOUIL ET TOMATES SÉCHÉES

Pour la salade, disposez dans l'assiette :

50 g (1 ½ tasse) de roquette

½ bulbe de fenouil émincé

1 poignée de tomates séchées coupées en morceaux

3-4 œufs de caille durs coupés en deux

50 g (½ tasse) de copeaux de parmesan

1 poignée de pignons

1 poignée de persil plat frais

Pour la sauce, mélangez :

1 cuil. à soupe d'huile d'olive vierge extra

1 cuil. à café de vinaigre de cidre

1 pincée de sel et de poivre

VARIANTE VÉGÉTARIENNE
Remplacez la crème végétalienne par de la mayonnaise.

POMMES DE TERRE VIOLETTES, PETITS POIS ET CAROTTE

Pour la salade, disposez dans l'assiette :

1 carotte détaillée en rubans à l'aide
d'un économe

50 g (⅓ tasse) de petits pois frais ou cuits
à la vapeur

100 g (⅔ tasse) de pommes de terre nouvelles
violettes (ou ordinaires) cuites à la vapeur
et coupées en morceaux

1 poignée de persil plat frais

Pour la sauce, mélangez :

1 cuil. à café d'huile d'olive vierge extra

1 cuil. à soupe de crème végétalienne
(avoine ou soya)

1 cuil. à café de vinaigre de cidre

1 pincée de sel

1 pincée de filaments de safran

SANS RÉGIME
SPÉCIAL

**VARIANTE
VÉGÉTALIENNE**
Remplacez le poulet
par 100 g (½ tasse)
de vos haricots en
boîte préférés.

POULET RÔTI, QUINOA NOIR ET POIVRONS MARINÉS

Pour la salade, disposez dans l'assiette :

50 g (1 ½ tasse) de roquette

50 g (⅓ tasse) de quinoa noir précuit

1 poignée de poivrons marinés en bocal

50 g (2 oz) de poulet rôti coupé en tranches

1 poignée de coriandre fraîche

Pour la sauce, mélangez :

1 cuil. à soupe d'huile d'olive vierge extra

1 cuil. à café de vinaigre balsamique

1 pincée de sel et de poivre

VÉGÉTALIEN

VARIANTE VÉGÉTARIENNE
Ajoutez 50 g (½ tasse) de pecorino.

LÉGUMES RÔTIS, SEMOULE À GROS GRAINS ET OLIVES NOIRES

Pour la salade, disposez dans l'assiette :

100 g (½ tasse) de semoule à gros grains précuite
½ poivron jaune, ½ poivron rouge, 1 petite courgette
et 1 petit oignon rouge coupés en dés et rôtis
50 g (1 ½ tasse) de roquette
1 poignée d'olives noires dénoyautées et coupées
en deux

Pour la sauce, mélangez :

1 cuil. à soupe d'huile d'olive vierge extra
1 cuil. à café de vinaigre balsamique
1 pincée de sel et de poivre

VARIANTE CRUDIVORE

Remplacez les calmars par 100 g (¾ tasse) de concombre.

CALMARS, BROCOLI ET AVOCAT

Pour la salade, disposez dans l'assiette :

50 g (1 ½ tasse) de cresson de fontaine

50 g (½ tasse) de fleurettes de brocoli divisées en petits morceaux

1 avocat coupé en morceaux

50 g (2 oz) de calmars grillés émincés

1 poignée de graines de courge

1 botte de ciboulette fraîche ciselée

Pour la sauce, mélangez :

1 cuil. à soupe d'huile d'olive vierge extra

1 cuil. à café de jus de citron

1 pincée de sel et de poivre

1 pincée de flocons de piment

PASTRAMI, RIZ COMPLET ET COURGETTE RÔTIE

Pour la salade, disposez dans l'assiette :

50 g (¼ tasse) de riz complet à grains
courts précuit

100 g (¾ tasse) de concombre détaillé en fines
lanières avec un couteau à julienne (jetez le
cœur plus tendre avec les pépins)

1 petite aubergine coupée en dés et rôtie

50 g (2 oz) de pastrami ou de bœuf rôti coupés
en fines tranches

1 poignée de menthe fraîche

Pour la sauce, mélangez :

1 cuil. à soupe d'huile d'olive vierge extra

1 cuil. à café de vinaigre balsamique

1 pincée de sel et de poivre

POULET RÔTI, ÉPEAUTRE ET BROCOLI

Pour la salade, disposez dans l'assiette :

100 g (½ tasse) d'épeautre précuit

100 g (1 tasse) de fleurettes de brocoli crues ou
cuites à la vapeur et divisées en petits morceaux

100 g (¾ tasse) de tomates cerises coupées en deux

50 g (2 oz) de poulet rôti coupé en tranches

2 ciboules émincées

1 poignée de persil plat frais

Pour la sauce, mélangez :

1 cuil. à soupe d'huile d'olive vierge extra

1 cuil. à café de vinaigre balsamique

1 pincée de sel et de poivre

ARTICHAUTS, HARICOTS DE LIMA, CÉLERI ET NOIX

Pour la salade, disposez dans l'assiette :

2 branches de céleri émincées

100 g (½ tasse) de haricots de Lima en boîte

1 poignée de cœurs d'artichauts grillés marinés,
coupés en morceaux

1 poignée de noix concassées

1 botte de ciboulette fraîche ciselée

Pour la sauce, mélangez :

1 cuil. à soupe d'huile d'olive vierge extra

1 cuil. à café de vinaigre balsamique

1 pincée de sel et de poivre

SPECK, SCAMORZA, TOMATES SÉCHÉES ET TRÉVISE

Pour la salade, disposez dans l'assiette :

70 g (2 tasses) de trévise

50 g (½ tasse) de scamorza (fromage fumé)
coupée en petits morceaux

50 g (2 oz) de speck coupé en lanières

1 poignée de tomates séchées coupées
en morceaux

Pour la sauce, mélangez :

1 cuil. à soupe d'huile d'olive vierge extra

1 cuil. à café de vinaigre balsamique

1 pincée de sel et de poivre

SANS RÉGIME SPÉCIAL
Ajoutez 50 g (2 oz) de poulet rôti, de jambon cuit ou cru (jambon de Parme par exemple).

MANCHEGO, ABRICOTS SECS, FENOUIL ET TRÉVISE

Pour la salade, disposez dans l'assiette :

100 g (3 tasses) de trévise coupée en lanières
½ bulbe de fenouil émincé
1 poignée d'abricots secs non traités, coupés en morceaux
50 g (½ tasse) de manchego (d'asiago ou de gouda) coupé en dés
1 poignée d'amandes
1 poignée de menthe fraîche

Pour la sauce, mélangez :

1 cuil. à soupe d'huile d'olive vierge extra
1 cuil. à café de vinaigre de cidre
1 pincée de sel et de poivre

VARIANTE VÉGÉTALIENNE

Remplacez le saumon et les œufs de lump par 100 g (½ tasse) de pois chiches en boîte saupoudrés de paprika.

SAUMON POUR SASHIMI, ŒUFS DE LUMP, PANAIS ET TRÉVISE

Pour la salade, disposez dans l'assiette :

50 g (1 ½ tasse) de trévise coupée en lanières
1 petit panais détaillé en rubans avec un économe
50 g (2 oz) de saumon pour sashimi coupé en très fines tranches
1 cuil. à café d'œufs de lump
1 cuil. à café de graines de sésame grillées
1 botte de ciboulette fraîche ciselée

Pour la sauce, mélangez :

1 cuil. à soupe d'huile d'olive vierge extra
1 cuil. à café de jus de citron
1 pincée de sel

VÉGÉTALIEN

VARIANTE VÉGÉTARIENNE
Ajoutez 50 g (⅓ tasse) de fromage de chèvre ou de brie ou 2 cuil. à soupe de yogourt nature.

LENTILLES NOIRES, PANAIS ET CANNEBERGES SÉCHÉES

Pour la salade, disposez dans l'assiette :

100 g (½ tasse) de lentilles noires précuites
2 panais détaillés en rubans avec un économe
1 poignée de canneberges séchées
1 poignée de pignons
1 botte de ciboulette fraîche ciselée

Pour la sauce, mélangez :

1 cuil. à soupe d'huile d'olive vierge extra
1 cuil. à café de vinaigre balsamique
1 pincée de sel et de poivre

CRU

VARIANTE
VÉGÉTARIENNE
Ajoutez 50 g (⅓ tasse)
de fromage de chèvre,
de bleu ou
de pecorino.

POIRE, CHOU-FLEUR, CHOU KALE ET PISTACHES

Pour la salade, disposez dans l'assiette :

70 g (2 tasses) de chou kale (ou, à défaut, de chou
frisé) coupé en lanières (sans les tiges)
1 poire coupée en morceaux
100 g (1 tasse) de bouquets de chou-fleur divisés
en petits morceaux
1 botte de ciboulette fraîche ciselée
1 poignée de pistaches

Pour la sauce, mélangez :

1 cuil. à soupe d'huile d'olive vierge extra
1 cuil. à café de jus de citron
1 pincée de sel

VÉGÉTARIEN

VARIANTE
VÉGÉTALIENNE
Remplacez le yogourt par
une crème végétalienne,
comme de la crème de
soya, d'avoine ou
de fruits à coque.

POMME, CÉLERI, NOIX ET GRAINES DE GRENADE

Pour la salade, disposez dans l'assiette :

50 g (1 ½ tasse) de romaine

1 pomme coupée en morceaux

2 branches de céleri émincées

1 poignée de noix concassées

1 poignée de graines de grenade

Pour la sauce, mélangez :

1 cuil. à soupe d'huile d'olive vierge extra

1 cuil. à café de vinaigre de cidre

1 pincée de sel et de poivre

2 cuil. à soupe de yogourt nature

VÉGÉTALIEN

SANS
RÉGIME SPÉCIAL
Ajoutez du blanc
de poulet rôti,
de la pancetta frite
ou du chorizo.

ORGE, CHAMPIGNONS ET HARICOTS VERTS

Pour la salade, disposez dans l'assiette :

100 g (½ tasse) d'orge précuite

100 g (½ tasse) de haricots verts cuits
à la vapeur

100 g (1 ½ tasse) de champignons de Paris
émincés

1 poignée de basilic frais

Pour la sauce, mélangez :

1 cuil. à soupe d'huile d'olive vierge extra

1 cuil. à café de vinaigre balsamique

1 pincée de sel et de poivre

VARIANTE
VÉGÉTALIENNE
Remplacez le calmar
par 100 g (1 tasse)
de chou-fleur rôti.

CALMAR, SAFRAN, PETITS POIS ET COUSCOUS À GROS GRAINS

Pour la salade, disposez dans l'assiette :

100 g (½ tasse) de couscous à gros grains précuit
80 g (½ tasse) de petits pois cuits à la vapeur
50 g (2 oz) de calmar précuit coupé en anneaux
1 poignée de persil plat frais

Pour la sauce, mélangez :

1 cuil. à soupe d'huile d'olive vierge extra
1 cuil. à café de vinaigre de cidre
1 pincée de sel et de poivre
1 pincée de filaments de safran

CRU

SANS
RÉGIME SPÉCIAL
Ajoutez 50 g (2 oz)
de poulet rôti ou de
jambon fumé.

DATTES, FENOUIL ET AMANDES

Pour la salade, disposez dans l'assiette :

1 petite sucrine
1 petit fenouil émincé
1 poignée de dattes séchées dénoyautées
1 poignée d'amandes ayant trempé dans l'eau 10 min
1 poignée d'aneth frais

Pour la sauce, mélangez :

1 cuil. à soupe d'huile d'olive vierge extra
1 cuil. à café de vinaigre de cidre
1 pincée de sel et de poivre
1 pincée de graines de fenouil broyées

VARIANTE VÉGÉTALIENNE
Remplacez le gorgonzola par des doliques ou des pois chiches en boîte.

GORGONZOLA, CÉLERI, PISTACHES ET POURPIER

Pour la salade, disposez dans l'assiette :

50 g (1 ½ tasse) de pourpier d'hiver ou de cresson de fontaine

2 branches de céleri émincées

1 poignée de pistaches

50 g (⅓ tasse) de gorgonzola affiné ou d'un autre bleu émietté

1 poignée de persil plat frais

Pour la sauce, mélangez :

1 cuil. à soupe d'huile d'olive vierge extra

1 cuil. à café de vinaigre balsamique

1 pincée de sel et de poivre

POULET RÔTI, COUSCOUS, POIRE ET ABRICOTS SECS

Pour la salade, disposez dans l'assiette :

100 g (½ tasse) de couscous de blé complet précuit
1 poire coupée en morceaux
1 poignée d'abricots secs non traités,
coupés en morceaux
50 g (2 oz) de poulet rôti coupé en morceaux
1 poignée d'amandes concassées
1 poignée de thym frais

Pour la sauce, mélangez :

1 cuil. à soupe d'huile d'olive vierge extra
1 cuil. à café de vinaigre balsamique
1 pincée de sel et de poivre

PECORINO, COUSCOUS, OLIVES VERTES ET OIGNONS AU VINAIGRE

Pour la salade, disposez dans l'assiette :

100 g (½ tasse) de semoule de blé complet cuit

50 g (½ tasse) de pecorino jeune coupé en dés

1 poignée de petits oignons au vinaigre

1 poignée d'olives vertes dénoyautées et coupées en deux

1 poignée d'estragon frais

Pour la sauce, mélangez :

1 cuil. à soupe d'huile d'olive vierge extra

1 cuil. à café de vinaigre de cidre

1 pincée de sel et de poivre

1 pincée de flocons de piment

QUINOA, BLEU, CHOU PALMIER NOIR ET ARTICHAUT

Pour la salade, disposez dans l'assiette :

50 g (1 ½ tasse) de chou palmier noir coupé en lanières
½ bulbe de fenouil émincé
50 g (⅓ tasse) de quinoa rouge et blanc précuits
1 petite poignée de cœurs d'artichauts grillés
et marinés, coupés en morceaux
50 g (⅓ tasse) de bleu coupé en morceaux
1 poignée de pistaches
1 poignée de persil plat frais

Pour la sauce, mélangez :

1 cuil. à soupe d'huile d'olive vierge extra
1 cuil. à café de vinaigre de cidre
1 pincée de sel et de poivre

SANS RÉGIME
SPÉCIAL

VARIANTE
VÉGÉTALIENNE
Remplacez le chorizo
par des tomates
séchées.

CHORIZO, POMMES DE TERRE RÔTIES ET OIGNONS ROUGES

Pour la salade, disposez dans l'assiette :

60 g (1 ¾ tasse) de chou palmier noir coupé
en lanières (sans les tiges)

100 g (⅔ tasse) de pommes de terre nouvelles,
coupées en morceaux et rôties

½ petit oignon rouge émincé

50 g (2 oz) de chorizo coupé en petits morceaux

Pour la sauce, mélangez :

1 cuil. à soupe d'huile d'olive vierge extra

1 cuil. à café de vinaigre de cidre

1 pincée de sel et de poivre

1 pincée de paprika fumé

VÉGÉTALIEN

VARIANTE
VÉGÉTARIENNE
Ajoutez 50 g (⅓ tasse)
de fromage de chèvre
ferme, de parmesan
ou de pecorino.

HARICOTS CANNELLINI, CHAMPIGNONS ET CRÈME À LA TRUFFE

Pour la salade, disposez dans l'assiette :

50 g (1 ½ tasse) de cresson de fontaine

100 g (1 ½ tasse) de champignons de Paris émincés

100 g (½ tasse) de haricots cannellini en boîte

1 poignée de noix concassées

Pour la sauce, mélangez :

1 cuil. à soupe d'huile d'olive vierge extra

1 cuil. à café de vinaigre balsamique

1 cuil. à soupe de crème de soya ou d'avoine

1 cuil. à café de crème de truffe blanche

1 cuil. à café de noix moulues

RIZ, CHAMPIGNONS, PARMESAN ET CRESSON DE FONTAINE

Pour la salade, disposez dans l'assiette :

100 g (½ tasse) de riz blanc à grains courts précuit
100 g (1 ½ tasse) de champignons de Paris émincés
30 g (1 tasse) de cresson de fontaine
2 ciboules émincées
50 g (½ tasse) de copeaux de parmesan

Pour la sauce, mélangez :

1 cuil. à soupe d'huile d'olive vierge extra
1 cuil. à café de vinaigre balsamique
1 pincée de sel et de poivre

CRU

VARIANTE
AVEC DU POISSON
Ajoutez 50 g (¼ tasse)
d'anchois marinés.

BETTERAVE, ORANGE SANGUINE, RAISINS SECS ET TRÉVISE

Pour la salade, disposez dans l'assiette :

100 g (3 tasses) de trévise coupée en lanières
1 petite orange sanguine de Sicile coupée
en fines rondelles
1 betterave coupée en fines tranches
1 poignée de raisins blonds secs
1 poignée de graines de citrouille
1 poignée de menthe fraîche

Pour la sauce, mélangez :

1 cuil. à soupe d'huile d'olive vierge extra
1 cuil. à café de vinaigre de cidre
1 pincée de sel et de poivre

VARIANTE CRUDIVORE

Remplacez le maquereau fumé par 1 poignée de noix ou d'amandes ayant trempé dans l'eau.

MAQUEREAU FUMÉ, ORANGE, CHOU FRISÉ ET OLIVES NOIRES

Pour la salade, disposez dans l'assiette :

60 g (1 ¾ tasse) de chou frisé coupé en morceaux (sans les tiges)

50 g (2 oz) de maquereau fumé émietté

1 poignée d'olives noires dénoyautées

1 orange coupée en morceaux

Pour la sauce, mélangez :

1 cuil. à soupe d'huile d'olive vierge extra

1 cuil. à café de jus de citron

1 pincée de sel et de poivre

**VARIANTE
VÉGÉTARIENNE**
Remplacez le crabe
par du cheddar doux
ou du manchego.

CRABE, QUINOA NOIR, EDAMAMES ET CAROTTE

Pour la salade, disposez dans l'assiette :

100 g (⅔ tasse) de quinoa noir précuit

50 g (⅓ tasse) d'edamames (fèves de soya) cuites
à la vapeur

1 carotte détaillée en rubans avec un économe

50 g (2 oz) de miettes de crabe

1 poignée de coriandre fraîche

Pour la sauce, mélangez :

1 cuil. à soupe d'huile d'olive vierge extra

1 cuil. à café de vinaigre de cidre

1 pincée de sel et de poivre

1-2 flocons de piment

CRU

VARIANTE
VÉGÉTARIENNE
Ajoutez 50 g (⅓ tasse)
de fromage de chèvre
ferme, de brie
ou de feta.

FENOUIL, CAROTTE, PISTACHES ET BAIES DE GOJI

Pour la salade, disposez dans l'assiette :

50 g (1 ½ tasse) de jeunes pousses (bettes et laitue
feuille de chêne rouge)
1 petite carotte détaillée en fines lanières avec
un couteau à julienne
1 petit bulbe de fenouil émincé
1 poignée de baies de goji séchées
1 poignée de pistaches
1 botte de ciboulette fraîche ciselée

Pour la sauce, mélangez :

1 cuil. à soupe d'huile d'olive vierge extra
1 cuil. à café de vinaigre de cidre
1 pincée de sel et de poivre

SANS RÉGIME
SPÉCIAL

**VARIANTE
CRUDIVORE**

*Remplacez le poulet rôti
par un supplément
de pignons, et utilisez
le panais et l'oignon
crus.*

POULET RÔTI, PANAIS ET OIGNON ROUGE

Pour la salade, disposez dans l'assiette :

50 g (1 ½ tasse) de roquette

1 panais grillé et coupé en morceaux

50 g (2 oz) de poulet rôti coupé en morceaux

1 oignon rouge émincé et frit

1 poignée de pignons

1 poignée de thym frais

Pour la sauce, mélangez :

1 cuil. à soupe d'huile d'olive vierge extra

1 cuil. à café de vinaigre balsamique

1 pincée de sel et de poivre

CÉLERI, POIS CHICHES, GRAINES DE CITROUILLE ET MENTHE

Pour la salade, disposez dans l'assiette :

2 branches de céleri coupées en morceaux
100 g (½ tasse) de pois chiches en boîte
1 poignée de menthe fraîche
1 poignée de graines de courge

Pour la sauce, mixez :

1 cuil. à soupe d'huile d'olive vierge extra
1 cuil. à café de vinaigre de cidre
1 cuil. à soupe de crème végétalienne
(au soya ou à l'avoine)
1 pincée de sel et de poivre

VÉGÉTARIEN

VARIANTE
VÉGÉTALIENNE
Remplacez le taleggio par
des lentilles vertes ou
noires en boîte.

TALEGGIO, TOPINAMBOURS ET PIGNONS

Pour la salade, disposez dans l'assiette :

50 g (1 ½ tasse) de jeunes pousses (bettes, cresson
et laitue feuille de chêne rouge)
100 g (¾ tasse) de topinambours cuits et coupés
en morceaux
50 g (2 oz) de taleggio (ou de fromage de chèvre
ferme) coupé en dés
1 poignée de pignons
1 poignée de persil plat frais

Pour la sauce, mélangez :

1 cuil. à soupe d'huile d'olive vierge extra
1 cuil. à café de vinaigre balsamique
1 pincée de sel et de poivre

SANS RÉGIME
SPÉCIAL

**VARIANTE
VÉGÉTARIENNE**
Remplacez le pastrami
par 100 g (⅔ tasse) de
feta ou de ricotta
salée.

PASTRAMI, PATATE DOUCE ET CHOU PALMIER NOIR

Pour la salade, disposez dans l'assiette :

60 g (1 ¾ tasse) de chou palmier noir coupé en
fines lanières (sans les tiges)
½ patate douce cuite coupée en dés
1 poignée de petits pois cuits à la vapeur
50 g (2 oz) de pastrami (ou de bœuf rôti) coupé
en fines tranches
1 poignée de menthe fraîche

Pour la sauce, mélangez :

1 cuil. à soupe d'huile d'olive vierge extra
1 cuil. à café de vinaigre balsamique
1 pincée de sel et de poivre

VARIANTE VÉGÉTARIENNE
Ajoutez 50 g (½ tasse) de parmesan, de pecorino ou de fromage de chèvre ferme.

CHOU ROMANESCO, BETTERAVE, POMME ET GRENADE

Pour la salade, disposez dans l'assiette :

100 g (1 tasse) de bouquets de chou romanesco divisés en petits morceaux
1 pomme coupée en morceaux
½ petite betterave crue râpée
1 poignée de graines de grenade
1 poignée de graines de courge
1 poignée de persil plat frais

Pour la sauce, mélangez :

1 cuil. à soupe d'huile d'olive vierge extra
1 cuil. à café de vinaigre de cidre
1 pincée de sel et de poivre

VÉGÉTARIEN

VARIANTE
VÉGÉTALIENNE
Remplacez le fromage
de chèvre par 100 g
(½ tasse) de lentilles
noires ou vertes
en boîte.

PANAIS, BETTERAVE ET FROMAGE DE CHÈVRE

Pour la salade, disposez dans l'assiette :

50 g (1 ½ tasse) de cresson

1 petit panais détaillé en rubans avec
un économe

½ petite betterave coupée en bâtonnets

50 g (2 oz) de fromage de chèvre ferme coupé
en morceaux

1 poignée de graines de grenade

1 poignée de pistaches

1 poignée de thym frais

Pour la sauce, mélangez :

1 cuil. à soupe d'huile d'olive vierge extra

1 cuil. à café de vinaigre balsamique

1 pincée de sel et de poivre

CRU

VARIANTE
VÉGÉTALIENNE
Ajoutez 50 g (¼ tasse) de
crème de soya ou 50 g
(1 ½ tasse) de croûtons
de pain complet.

PAMPLEMOUSSE JAUNE, CHOU KALE, POMME ET GRENADE

Pour la salade, disposez dans l'assiette :

50 g (1 ½ tasse) de chou kale (ou, à défaut,
de chou frisé) coupé en lanières (sans les tiges)
1 pamplemousse jaune coupé en morceaux
1 pomme coupée en fines tranches
1 poignée de graines de grenade
1 poignée de graines de courge

Pour la sauce, mélangez :

1 cuil. à soupe d'huile d'olive vierge extra
1 cuil. à café de vinaigre de cidre
1 pincée de sel et de poivre

POULET RÔTI, RIZ NOIR ET ORANGE

Pour la salade, disposez dans l'assiette :

100 g (½ tasse) de riz noir précuit

1 orange pelée et coupée en morceaux

50 g (2 oz) de blanc de poulet rôti coupé
en morceaux

1 poignée de noix concassées

1 poignée de raisins secs

1 botte de ciboulette ciselée

Pour la sauce, mélangez :

1 cuil. à soupe d'huile d'olive vierge extra

1 cuil. à café de vinaigre de cidre

1 pincée de sel et de poivre

un peu de zeste d'orange coupé en petits morceaux

COURGE MUSQUÉE, OIGNON ROUGE ET POIS CHICHES

Pour la salade, disposez dans l'assiette :

50 g (1 ½ tasse) de roquette

100 g (¾ tasse) de courge musquée cuite coupée
en morceaux

1 oignon rouge coupé en rondelles et frit

100 g (½ tasse) de pois chiches en boîte

Pour la sauce, mélangez :

1 cuil. à soupe d'huile d'olive vierge extra

1 cuil. à café de vinaigre balsamique

1 pincée de sel et de poivre

VARIANTE VÉGÉTALIENNE
Remplacez les sardines par 1 poignée de tomates séchées.

SARDINES, HARICOTS PINTO ET AVOCAT

Pour la salade, disposez dans l'assiette :

1 petite sucrine

1 petit avocat coupé en morceaux

100 g (½ tasse) de haricots pinto (ou de haricots borlotti) en boîte

50 g (2 oz) de sardines en boîte émiettées

2 ciboules émincées

Pour la sauce, mélangez :

1 cuil. à soupe d'huile d'olive vierge extra

1 cuil. à café de jus de citron

1 pincée de sel et de poivre

VARIANTE VÉGÉTARIENNE

Ne mettez pas de chorizo, et ajoutez un supplément de manchego et d'oignon frit.

CHORIZO, MANCHEGO AU PIMENT ET PATATE DOUCE

Pour la salade, disposez dans l'assiette :

1 chicorée rouge coupée en morceaux

½ patate douce cuite coupée en morceaux

1 oignon rouge émincé et frit

50 g (2 oz) de chorizo coupé en dés

50 g (½ tasse) de manchego au piment ou de scamorza (fromage fumé) coupés en dés

1 poignée de persil plat frais

Pour la sauce, mélangez :

1 cuil. à soupe d'huile d'olive vierge extra

1 cuil. à café de vinaigre balsamique

1 pincée de sel et de poivre

VÉGÉTARIEN

VARIANTE
VÉGÉTALIENNE
Remplacez le pecorino
par 50 g (¼ tasse)
de pois chiches
en boîte.

COUSCOUS, PECORINO, POMME, NOIX DE PÉCAN ET DATTES

Pour la salade, disposez dans l'assiette :

100 g (½ tasse) de semoule de blé complet cuite
1 pomme coupée en morceaux
50 g (½ tasse) de pecorino jeune (ou de cheddar fumé) coupé en dés
1 poignée de dattes séchées, dénoyautées et coupées en morceaux
1 poignée de noix de pécan (ou de noix) concassées
1 cuil. à café de thym frais

Pour la sauce, mélangez :

1 cuil. à soupe d'huile d'olive vierge extra
1 cuil. à café de jus de citron
1 pincée de sel et de poivre

VÉGÉTALIEN

**SANS
RÉGIME SPÉCIAL**
Ajoutez 50 g (2 oz)
de poulet ou de
bœuf rôti.

CHOU ROUGE, CHAMPIGNONS ET CAROTTE

Pour la salade, disposez dans l'assiette :

100 g (1 tasse) de chou rouge coupé en lanières
1 petite carotte violette (ou ordinaire) détaillée
en rubans avec un économe
100 g (1 ½ tasse) de champignons de Paris coupés
en morceaux
1 cuil. à soupe de graines de sésame
1 poignée de coriandre fraîche

Pour la sauce, mélangez :

1 cuil. à café de sauce soya claire
1 pincée de sel et de poivre
2 cuil. à soupe de crème de soya
1 cuil. à café de piment en poudre

VÉGÉTARIEN

SANS
RÉGIME SPÉCIAL
Ajoutez 50 g (2 oz)
de jambon de Parme,
de serrano ou de
jambon cuit à
votre goût.

FROMAGE DE CHÈVRE, POIRE, CAROTTE ET NOISETTES

Pour la salade, disposez dans l'assiette :

1 grosse carotte détaillée en rubans avec
un économe

1 poire coupée en morceaux

50 g (2 oz) de fromage de chèvre émietté

1 poignée de noisettes mondées et concassées

1 poignée de graines de grenade

1 poignée de thym frais

Pour la sauce, mélangez :

1 cuil. à soupe d'huile d'olive vierge extra

1 cuil. à café de vinaigre balsamique

1 pincée de sel et de poivre

CRU

VARIANTE
AVEC DU POISSON
Ajoutez 50 g (2 oz)
de maquereau fumé.

CÉLERI, RADIS, BETTERAVE ET RAIFORT

Pour la salade, disposez dans l'assiette :

2 branches de céleri émincées

1 poignée de radis coupés en morceaux

1 petite betterave crue râpée

1 poignée de bleuets séchés

1 poignée de pignons

1 botte de ciboulette fraîche ciselée

Pour la sauce, mixez :

50 g (2 oz) de raifort fraîchement râpé

1 cuil. à café de vinaigre de cidre

1 pincée de sel

60 ml (¼ tasse) d'eau (ou plus si nécessaire)

2 cuil. à soupe d'huile d'olive vierge extra

VARIANTE VÉGÉTALIENNE
Remplacez la truite par ½ patate douce cuite et la sauce par celle de la page ci-contre.

QUINOA, TRUITE FUMÉE ET BETTERAVE

Pour la salade, disposez dans l'assiette :

100 g (⅔ tasse) de quinoa rouge et blanc précuit
1 betterave coupée très fin (ou détaillée en fines lamelles avec un économe)
50 g (2 oz) de truite fumée émiettée
1 botte de ciboulette fraîche ciselée

Pour la sauce, mélangez :

1 cuil. à soupe d'huile d'olive vierge extra
1 cuil. à café de vinaigre de cidre
1 pincée de sel et de poivre
1 cuil. à café de sauce au raifort

VÉGÉTALIEN

SANS
RÉGIME SPÉCIAL
Ajoutez des dés
de pancetta frite
ou de chorizo.

COUSCOUS, HARICOTS NOIRS, TRÉVISE ET GRENADE

Pour la salade, disposez dans l'assiette :

100 g (½ tasse) de semoule au blé complet cuite
1 chicorée rouge coupée en morceaux
50 g (¼ tasse) de haricots noirs en boîte
1 poignée de graines de grenade
1 botte de ciboulette fraîche ciselée

Pour la sauce, mélangez :

1 cuil. à soupe d'huile d'olive vierge extra
1 cuil. à café de vinaigre balsamique
1 pincée de sel et de poivre

VARIANTE VÉGÉTALIENNE
Remplacez les œufs de saumon par 100 g (⅔ tasse) d'edamames ou par 1 avocat.

ŒUFS DE SAUMON, RIZ JASMIN, CONCOMBRE ET NORI

Pour la salade, disposez dans l'assiette :

100 g (½ tasse) de riz jasmin précuit
100 g (¾ tasse) de concombre coupé en morceaux
1 poignée de lanières de feuille de nori
(algues grillées)
2 ciboules émincées
2 cuil. à soupe d'œufs de saumon

Pour la sauce, mélangez :

1 cuil. à soupe d'huile de sésame grillé
1 cuil. à café de sauce soya foncée
1 pincée de sel

VÉGÉTALIEN

VARIANTE AVEC DU POISSON
Ajoutez 50 g (2 oz) de thon au naturel en boîte.

POMMES DE TERRE RÔTIES, OLIVES NOIRES ET CÂPRES

Pour la salade, disposez dans l'assiette :

50 g (1 ½ tasse) de salade (frisée par exemple)

2 pommes de terre rôties et coupées
en morceaux

1 cuil. à soupe d'olives noires dénoyautées
et coupées en deux

2 ciboules émincées

1 cuil. à soupe de câpres

Pour la sauce, mélangez :

1 cuil. à soupe d'huile d'olive vierge extra

1 cuil. à café de vinaigre de cidre

1 pincée de sel et de poivre

SANS RÉGIME SPÉCIAL

Remplacez le saumon par 50 g (2 oz) de bœuf rôti ou de jambon fumé.

SAUMON, POMMES DE TERRE, QUINOA NOIR ET PANAIS

Pour la salade, disposez dans l'assiette :

1 panais détaillé en rubans avec un économe

100 g (⅔ tasse) de pommes de terre nouvelles rôties et coupées en deux

50 g (⅓ tasse) de quinoa noir précuit

50 g (2 oz) de saumon cuit émietté

1 poignée de persil plat frais

Pour la sauce, mélangez :

1 cuil. à soupe d'huile d'olive vierge extra

1 cuil. à café de vinaigre balsamique

1 pincée de sel et de poivre

**VARIANTE
AVEC DU POISSON**

Remplacez le jambon
par 50 g (2 oz)
de saumon rôti ou de
maquereau fumé.

JAMBON, POMMES DE TERRE, CAROTTE ET CANNEBERGES

Pour la salade, disposez dans l'assiette :

1 grosse carotte détaillée en rubans
avec un économe

30 g (1 tasse) de roquette

3 pommes de terre nouvelles rôties et coupées
en deux

1 poignée de canneberges séchées

50 g (2 oz) de jambon finement tranché

1 poignée de persil plat frais

Pour la sauce, mélangez :

1 cuil. à soupe d'huile d'olive vierge extra

1 cuil. à café de vinaigre balsamique

1 pincée de sel et de poivre

**VARIANTE
AVEC DU POISSON**
Ajoutez 50 g (2 oz) de
thon au naturel en boîte,
des sardines ou des
anchois, et un peu
de persil.

POMMES DE TERRE, TOMATES CERISES ET PIMENT

Pour la salade, disposez dans l'assiette :

100 g (⅔ tasse) de pommes de terre nouvelles cuites
à la vapeur, coupées en deux, et remuées dans de
l'huile d'olive avec du persil finement ciselé
200 g (1 ½ tasse) de tomates cerises coupées en deux
1 petit oignon rouge émincé
1 poignée de câpres
1 petit piment émincé

Pour la sauce, mélangez :

1 cuil. à soupe d'huile d'olive vierge extra
1 cuil. à café de vinaigre de cidre
1 pincée de sel et de poivre

CRU

VARIANTE
VÉGÉTARIENNE
Ajoutez 50 g (⅓ tasse)
de bleu ou de fromage
de chèvre.

CHOU KALE, POMME ET ABRICOTS SECS

Pour la salade, disposez dans l'assiette :

80 g (2 ½ tasses) de chou kale (ou, à défaut,
de chou frisé) coupé en morceaux (sans les tiges)
1 pomme coupée en morceaux
1 poignée d'abricots secs non traités coupés
en morceaux
1 poignée de pignons

Pour la sauce, mélangez :

1 cuil. à soupe d'huile d'olive vierge extra
1 cuil. à café de vinaigre de cidre
1 pincée de sel et de poivre

SANS RÉGIME SPÉCIAL

Remplacez le thon par 50 g (2 oz) de bœuf rôti ou de jambon fumé.

ŒUFS DE CAILLE, THON, CHOU KALE ET CÉLERI

Pour la salade, disposez dans l'assiette :

50 g (1 ½ tasse) de chou kale (ou, à défaut,
de chou frisé) coupé en morceaux (sans les tiges)
3 branches de céleri émincées
6 œufs de caille durs
50 g (2 oz) de thon au naturel en boîte émietté
1 botte de ciboulette fraîche ciselée

Pour la sauce, mélangez :

1 cuil. à soupe d'huile d'olive vierge extra
1 cuil. à café de vinaigre de cidre
1 pincée de sel de céleri
2 cuil. à soupe de mayonnaise

DINDE RÔTIE, CHAMPIGNONS, CAROTTE ET NOIX

Pour la salade, disposez dans l'assiette :

50 g (1 ½ tasse) de mesclun (bettes et épinards par exemple)

1 petite carotte détaillée en rubans avec un économe

1 poignée de champignons de Paris (frais ou rôtis) émincés

50 g (2 oz) de dinde rôtie coupée en tranches

1 poignée de noix

1 botte de ciboulette fraîche ciselée

Pour la sauce, mélangez :

1 cuil. à soupe d'huile d'olive vierge extra

1 cuil. à café de vinaigre de cidre

1 pincée de sel et de poivre

VÉGÉTALIEN

VARIANTE VÉGÉTARIENNE
Ajoutez 50 g (⅓ tasse) de fromage comme du chèvre, du brie ou du bleu.

PATATE DOUCE RÔTIE, BROCOLI ET CAROTTE

Pour la salade, disposez dans l'assiette :

½ patate douce cuite coupée en morceaux
1 grosse carotte détaillée en rubans
avec un économe
100 g (1 tasse) de fleurettes de brocoli crues ou
cuites à la vapeur et divisées en petits morceaux
2 ciboules émincées
1 poignée de persil plat frais
1 poignée de pignons

Pour la sauce, mélangez :

1 cuil. à soupe d'huile d'olive vierge extra
1 cuil. à café de vinaigre de cidre
1 pincée de sel et de poivre

VÉGÉTALIEN

VARIANTE VÉGÉTARIENNE
Ajoutez 50 g (¼ tasse) de fromage, comme de la ricotta ou du fromage cottage.

PATATE DOUCE, LENTILLES NOIRES ET PISTACHES

Pour la salade, disposez dans l'assiette :

50 g (1 ½ tasse) de jeunes pousses (bettes, cresson et laitue feuille de chêne rouge)
50 g (¼ tasse) de lentilles noires ou vertes en boîte
½ patate douce rôtie coupée en quartiers
2 ciboules émincées
1 poignée de pistaches

Pour la sauce, mélangez :

1 cuil. à soupe d'huile d'olive vierge extra
1 cuil. à café de vinaigre balsamique
1 pincée de sel et de poivre

RIZ NOIR, PATATE DOUCE ET PECORINO

Pour la salade, disposez dans l'assiette :

100 g (½ tasse) de riz noir précuit

1 poignée de tomates à demi séchées

½ patate douce rôtie coupée en morceaux

50 g (½ tasse) de copeaux de pecorino

1 poignée de pignons

1 poignée de basilic frais

Pour la sauce, mélangez :

1 cuil. à soupe d'huile d'olive vierge extra

1 cuil. à café de vinaigre balsamique

1 pincée de sel et de poivre

CRU

VARIANTE VÉGÉTARIENNE

Ne mettez pas d'eau ni de noix de cajou dans la sauce, remplacez-les par du yogourt nature.

FENOUIL, POMME, CÉLERI ET CRÈME À LA NOIX DE CAJOU

Pour la salade, disposez dans l'assiette :

½ bulbe de fenouil émincé

½ pomme coupée en quartiers

1 branche de céleri émincée

1 poignée de graines de grenade

1 poignée de raisins secs

1 poignée de graines de courge

quelques feuilles de thym frais

Pour la sauce, mixez :

1 cuil. à soupe d'huile d'olive vierge extra

1 cuil. à café de vinaigre de cidre

1 pincée de sel

1 cuil. à soupe d'eau

1 poignée de noix de cajou

VÉGÉTARIEN

VARIANTE
CRUDIVORE
Remplacez le bleu
par une sauce aux fruits
à coque et au citron
(page 26).

BLEU, POMME, CHOU-FLEUR ET NOIX

Pour la salade, disposez dans l'assiette :

1 pomme coupée en morceaux

100 g (1 tasse) de bouquets de chou-fleur
divisés en petits morceaux

50 g (⅓ tasse) de bleu coupé en morceaux

1 poignée de noix

1 botte de ciboulette fraîche ciselée

Pour la sauce, mélangez :

1 cuil. à soupe d'huile d'olive vierge
extra

1 cuil. à café de vinaigre de cidre

1 pincée de sel et de poivre

VÉGÉTALIEN

SANS
RÉGIME SPÉCIAL
Ajoutez 50 g (2 oz)
de poulet rôti ou
de crevettes.

ORGE, PATATE DOUCE ET EDAMAMES

Pour la salade, disposez dans l'assiette :

100 g (⅔ tasse) d'orge précuite

50 g (1 ½ tasse) de chou palmier noir coupé en lanières (sans les tiges)

½ patate douce rôtie coupée en morceaux

50 g (⅓ tasse) d'edamames (fèves de soya) cuites à la vapeur

1 botte de ciboulette fraîche ciselée

Pour la sauce, mélangez :

1 cuil. à soupe d'huile d'olive vierge extra

1 cuil. à café de vinaigre balsamique

1 pincée de sel et de poivre

SANS RÉGIME
SPÉCIAL

VARIANTE
VÉGÉTALIENNE

Remplacez le poulet
par 100 g (½ tasse) de
haricots cannellini ou
de gros haricots
blancs en boîte.

PATATE DOUCE, POULET ET RIZ COMPLET

Pour la salade, disposez dans l'assiette :

100 g (½ tasse) de riz complet à grains courts,
précuit

30 g (½ tasse) de chou vert ou de chou frisé
coupés en lanières

½ patate douce rôtie coupée en morceaux

50 g (2 oz) de poulet rôti coupé en tranches

1 poignée d'amandes concassées

1 botte de ciboulette fraîche ciselée

Pour la sauce, mélangez :

1 cuil. à soupe d'huile d'olive vierge extra

1 cuil. à café de vinaigre de cidre

1 pincée de sel et de poivre

1 cuil. à soupe de moutarde de Dijon

JAMBON DE PARME, POIRE ET PIGNONS

Pour la salade, disposez dans l'assiette :

50 g (1 ½ tasse) de mesclun (cresson, roquette
et laitue feuille de chêne rouge)

1 poire coupée en morceaux

50 g (2 oz) de jambon de Parme finement tranché

1 poignée de pignons

Pour la sauce, mélangez :

1 cuil. à soupe d'huile d'olive vierge extra

1 cuil. à café de vinaigre balsamique

1 pincée de sel et de poivre

VARIANTE VÉGÉTARIENNE
Ajoutez 50 g (⅓ tasse) de bleu, comme du stilton ou du gorgonzola piquant.

POIRE, DATTES, NOIX DE CAJOU ET ENDIVE

Pour la salade, disposez dans l'assiette :

1 endive

1 grosse poire coupée en morceaux

1 poignée de dattes séchées dénoyautées et coupées en deux

1 poignée de noix de cajou

1 botte de ciboulette fraîche ciselée

Pour la sauce, mélangez :

1 cuil. à soupe d'huile d'olive vierge extra

1 cuil. à café de jus de citron

1 pincée de sel et de poivre

HARICOTS CANNELLINI, PECORINO, PIGNONS ET CRESSON

Pour la salade, disposez dans l'assiette :

50 g (1 ½ tasse) de cresson
100 g (½ tasse) de haricots cannellini en boîte
1 poignée de basilic frais
1 poignée de pignons
50 g (½ tasse) de copeaux de pecorino

Pour la sauce, mélangez :

1 cuil. à soupe d'huile d'olive vierge extra
1 cuil. à café de vinaigre balsamique
1 pincée de sel et de poivre
2 cuil. à soupe de pesto classique (page 25)

VÉGÉTALIEN

VARIANTE
AVEC DU POISSON
Ajoutez 50 g (2 oz)
de maquereau ou
de truite fumés, ou
de thon en boîte.

POMMES DE TERRE NOUVELLES, PETITS POIS ET LAITUE ROUGE

Pour la salade, disposez dans l'assiette :

50 g (1 ½ tasse) de jeunes pousses de laitue rouge
100 g (⅔ tasse) de pommes de terre nouvelles
cuites à la vapeur et coupées en deux
100 g (¾ tasse) de petits pois cuits à la vapeur
1 poignée de persil plat frais

Pour la sauce, mixez :

1 cuil. à café d'huile d'olive vierge extra
1 cuil. à café de vinaigre de cidre
1 cuil. à soupe de crème végétalienne
(de soya ou d'avoine)
1 pincée de sel et de poivre
1 cuil. à soupe de câpres

VARIANTE
VÉGÉTARIENNE
Remplacez le thon
par 50 g (⅓ tasse)
de fromage de chèvre,
de brie ou
de pecorino.

THON, COUSCOUS, CHOU, LENTILLES VERTES ET OIGNON ROUGE

Pour la salade, disposez dans l'assiette :

100 g (½ tasse) de semoule de blé complet cuit
60 g (1 ¾ tasse) de chou frisé coupé en morceaux
(sans les tiges)
100 g (½ tasse) de lentilles vertes en boîte
50 g (2 oz) de thon au naturel en boîte émietté
1 oignon rouge précuit émincé

Pour la sauce, mélangez :

1 cuil. à soupe d'huile d'olive vierge extra
1 cuil. à café de jus de citron
1 pincée de sel et de poivre

PASTRAMI, CORNICHONS ET CROÛTONS

Pour la salade, disposez dans l'assiette :

70 g (2 tasses) de mesclun (roquette sauvage
par exemple)

1 poignée de cornichons

50 g (2 oz) de pastrami coupé en fines tranches

1 poignée de croûtons de pain complet

Pour la sauce, mélangez :

1 cuil. à soupe d'huile d'olive vierge extra

1 cuil. à café de vinaigre de cidre

1 pincée de sel et de poivre

1 cuil. à café de moutarde anglaise

1 cuil. à soupe de crème fraîche

VARIANTE VÉGÉTALIENNE
Remplacez les anchois par 100 g (¾ tasse) de panais cuit.

ANCHOIS, HARICOTS BORLOTTI ET ROQUETTE

Pour la salade, disposez dans l'assiette :

50 g (1 ½ tasse) de roquette
100 g (½ tasse) de haricots borlotti en boîte
50 g (¼ tasse) d'anchois marinés
1 poignée de pignons
1 poignée de persil plat frais

Pour la sauce, mélangez :

1 cuil. à soupe d'huile d'olive vierge extra
1 cuil. à café de vinaigre de cidre
1 pincée de sel et de poivre

CRU

**VARIANTE
VÉGÉTARIENNE**
Ajoutez 50 g (¼ tasse)
de yogourt nature
ou à la grecque.

FRAMBOISES, CHOU ROUGE ET FENOUIL

Pour la salade, disposez dans l'assiette :

80 g (1 tasse) de chou rouge coupé en lanières
1 petit bulbe de fenouil émincé
1 poignée de framboises
1 poignée de graines de courge
1 poignée de menthe fraîche

Pour la sauce, mélangez :

1 cuil. à soupe d'huile d'olive vierge extra
1 cuil. à café de jus de citron
1 pincée de sel et de poivre

THON À SASHIMI, PAMPLEMOUSSE ROSE ET PIMENT

Pour la salade, disposez dans l'assiette :

50 g (1 ½ tasse) de roquette

50 g (2 oz) de thon à sashimi coupé
en tranches très fines

½ gros pamplemousse rose coupé en morceaux

1 petit oignon rouge finement haché

1 petit piment rouge épépiné et finement haché

1 cuil. à soupe de graines de sésame grillées

Pour la sauce, mélangez :

1 cuil. à soupe d'huile d'olive vierge extra

1 cuil. à café de jus de citron

1 pincée de sel et de poivre

CRU

VARIANTE AVEC DU POISSON
Ajoutez 50 g (2 oz)
de crevettes cuites ou
de maquereau fumé.

PAMPLEMOUSSE ROSE, AVOCAT ET CHOU

Pour la salade, disposez dans l'assiette :

80 g (1 tasse) de chou vert coupé en lanières

1 avocat mûr coupé en morceaux

½ gros pamplemousse rose coupé en morceaux

1 poignée de pignons

1 poignée de graines de grenade

Pour la sauce, mélangez :

1 cuil. à soupe d'huile d'olive vierge extra

1 cuil. à café de jus de citron

1 pincée de sel et de poivre

CRU

**SANS
RÉGIME SPÉCIAL**
Ajoutez 50 g (2 oz) de
poulet rôti, de jambon
de Parme ou d'un
autre jambon cru.

POIRE, ORANGE, CHOU ROUGE ET GRAINES DE PAVOT

Pour la salade, disposez dans l'assiette :

100 g (1 tasse) de chou rouge coupé en lanières
1 poire coupée en morceaux
1 orange coupée en morceaux
1 poignée de noix
1 cuil. à soupe de graines de pavot
1 poignée de persil plat frais

Pour la sauce, mélangez :

1 cuil. à soupe d'huile d'olive vierge extra
1 cuil. à café de jus de citron
1 pincée de sel et de poivre

**VARIANTE
CRUDIVORE**

Remplacez le bœuf par
1 poignée de noix et utilisez
la sauce aux noix de cajou
et à l'agave (page 27) faite
avec des fruits
à coque.

BŒUF RÔTI, CHOU-FLEUR ET CHOU ROUGE

Pour la salade, disposez dans l'assiette :

60 g (⅔ tasse) de chou rouge coupé en lanières

100 g (1 tasse) de bouquets de chou-fleur divisés en
petits morceaux

50 g (2 oz) de rosbif coupé en tranches fines

1 poignée de canneberges séchées

1 poignée de pignons

1 poignée de persil plat frais

Pour la sauce, mélangez :

2 cuil. à soupe d'huile d'olive vierge extra

1 cuil. à café de vinaigre de cidre

1 pincée de sel et de poivre

1 cuil. à café de crème liquide

1 cuil. à café de moutarde de Dijon

PRINTEMPS

JAMBON DE PARME, CHAMPIGNONS ENOKI ET ASPERGES

Pour la salade, disposez dans l'assiette :

1 petit panais détaillé en rubans avec un économe

3 pointes d'asperges détaillées en rubans avec un économe

50 g (½ tasse) de jeunes fleurettes de brocoli violet divisées en petits morceaux

1 poignée de champignons enoki

50 g (2 oz) de jambon de Parme finement tranché

1 poignée de noisettes grillées et concassées

1 poignée de basilic frais

Pour la sauce, mélangez :

1 cuil. à soupe d'huile d'olive vierge extra

1 cuil. à café de vinaigre balsamique

1 pincée de sel et de poivre

VARIANTE VÉGÉTARIENNE
Remplacez l'eau par de la crème liquide ou du yogourt nature.

PANAIS, PAMPLEMOUSSE ROSE ET GRAINES DE PAVOT

Pour la salade, disposez dans l'assiette :

1 panais détaillé en rubans avec un économe

1 pamplemousse rose (ou une orange sanguine) coupé en morceaux

1 poignée de raisins secs

quelques graines de pavot

1 poignée de menthe fraîche

Pour la sauce, mixez :

1 cuil. à café de jus de citron

2 cuil. à soupe de noix de coco séchée

2 cuil. à soupe d'eau

1 pincée de sel

½ cuil. à café de gingembre en poudre

VÉGÉTARIEN

SANS
RÉGIME SPÉCIAL
Ajoutez 50 g (2 oz)
de poulet ou de bœuf
rôtis, ou de jambon.

CHOU-FLEUR, HARICOTS VERTS ET ÉPINARDS

Pour la salade, disposez dans l'assiette :

50 g (1 ½ tasse) de jeunes pousses d'épinards
100 g (1 tasse) de bouquets de chou-fleur
divisés en petits morceaux
100 g (½ tasse) de haricots verts cuits
à la vapeur
1 poignée de pignons
50 g (½ tasse) de copeaux de pecorino
1 poignée de basilic frais

Pour la sauce, mélangez :

1 cuil. à soupe d'huile d'olive vierge extra
1 cuil. à café de vinaigre balsamique
2 cuil. à soupe de pesto classique (page 25)
1 pincée de sel et de poivre

VARIANTE
VÉGÉTALIENNE
Remplacez le maquereau
par des haricots noirs, des
lentilles ou des haricots
verts en boîte.

MAQUEREAU FUMÉ, CHOU FRISÉ ET POIVRONS MARINÉS

Pour la salade, disposez dans l'assiette :

50 g (1 ½ tasse) de chou frisé coupé en lanières
et cuit à la vapeur, ou cru (dans ce cas, remuez-le
dans du jus de citron et laissez reposer 5 min)
1 poignée de poivrons rouges marinés en pot,
coupés en morceaux
50 g (2 oz) de maquereau fumé émietté
1 poignée d'oignons frits croustillants
1 poignée de persil plat frais

Pour la sauce, mélangez :

1 cuil. à soupe d'huile d'olive vierge extra
1 cuil. à café de jus de citron
1 pincée de sel et de poivre

CRU

SANS
RÉGIME SPÉCIAL
Ajoutez 100 g (4 oz)
de poulet ou
de bœuf rôtis.

CAROTTE, OIGNON ROUGE, NOIX ET RAISINS SECS

Pour la salade, disposez dans l'assiette :

50 g (1 ½ tasse) de mâche

1 carotte détaillée en rubans avec un économe

½ petit oignon rouge émincé

1 poignée de raisins secs

1 poignée de noix concassées

Pour la sauce, mélangez :

1 cuil. à soupe d'huile d'olive vierge extra

1 cuil. à café de vinaigre de cidre

1 pincée de sel et de poivre

1 cuil. à soupe de graines de moutarde ayant trempé toute une nuit

VÉGÉTALIEN

VARIANTE
VÉGÉTARIENNE
Ajoutez 50 g (⅓ tasse)
de fromage (chèvre,
manchego ou bleu).

QUINOA, PATATE DOUCE RÔTIE ET CHOU-FLEUR

Pour la salade, disposez dans l'assiette :

100 g (⅔ tasse) de quinoa rouge et blanc précuit
50 g (1 ½ tasse) de radicchio coupé en lanières
½ patate douce rôtie et coupée en morceaux
100 g (1 tasse) de bouquets de chou-fleur divisés
en petits morceaux
1 poignée de persil plat frais

Pour la sauce, mélangez :

1 cuil. à soupe d'huile d'olive vierge extra
1 cuil. à café de vinaigre de cidre
1 pincée de sel
1 pincée de graines de fenouil broyées

VÉGÉTALIEN

VARIANTE
VÉGÉTARIENNE
Ajoutez 50 g (⅓ tasse)
de feta, de parmesan
ou de pecorino.

POMMES DE TERRE RÔTIES ET TOMATES SÉCHÉES

Pour la salade, disposez dans l'assiette :

70 g (2 tasses) de jeunes pousses (cresson, bettes
et laitue feuille de chêne rouge)
2 pommes de terre rôties et coupées en morceaux
1 poignée de tomates séchées coupées en
morceaux
2 ciboules ciselées

Pour la sauce, mélangez :

1 cuil. à soupe d'huile d'olive vierge extra
1 cuil. à café de vinaigre de cidre
1 pincée de sel et de poivre
1 pincée de flocons de piment

**VARIANTE
VÉGÉTALIENNE**
Remplacez le bœuf rôti,
par de l'oignon rouge,
des olives et des
poivrons.

BŒUF RÔTI, CHOU ET POIVRONS MARINÉS

Pour la salade, disposez dans l'assiette :

100 g (1 tasse) de chou blanc coupé en lanières
¼ d'oignon rouge finement haché
50 g (2 oz) de poivrons rouges en pot, coupés
en morceaux
1 poignée d'olives kalamata dénoyautées
50 g (2 oz) de bœuf rôti coupé en fines tranches
quelques germes de ciboule
1 poignée de pignons

Pour la sauce, mélangez :

1 cuil. à soupe d'huile d'olive vierge extra
1 cuil. à café de vinaigre balsamique
1 pincée de sel et de poivre

VARIANTE VÉGÉTALIENNE
Remplacez les crevettes par 100 g (1 tasse) de brocoli cuit à la vapeur.

CREVETTES, AVOCAT ET RIZ ROUGE DE CAMARGUE

Pour la salade, disposez dans l'assiette :

100 g (½ tasse) de riz rouge de Camargue précuit
30 g (1 tasse) de roquette
1 avocat coupé en morceaux
50 g (2 oz) de crevettes cuites
2 ciboules ciselées
quelques graines de sésame

Pour la sauce, mélangez :

1 cuil. à soupe d'huile d'olive vierge extra
1 pincée de sel
1 cuil. à soupe de mayonnaise
1 pincée de safran en poudre
1 pincée de curcuma en poudre

CRU

VARIANTE AVEC
DES CREVETTES
Ajoutez 50 g (2 oz)
de crevettes cuites.

MANGUE, POIS MANGE-TOUT, PAK-CHOÏ ET BROCOLI

Pour la salade, disposez dans l'assiette :

70 g (2 tasses) de pak-choï coupé en fines lanières
1 poignée de pois mange-tout
100 g (1 tasse) de fleurettes de brocoli divisées
en petits morceaux
100 g (⅔ tasse) de mangue coupée en dés
2 ciboules ciselées
1 poignée de basilic frais

Pour la sauce, mélangez :

1 cuil. à soupe d'huile d'olive vierge extra
1 cuil. à café de vinaigre de cidre
1 pincée de sel
1 pincée de flocons de piment

BŒUF RÔTI, LENTILLES NOIRES ET CHAMPIGNONS

Pour la salade, disposez dans l'assiette :

60 g (1 ¾ tasse) de cresson
100 g (½ tasse) de lentilles noires en boîte
1 poignée de champignons de Paris émincés
50 g (2 oz) de bœuf rôti coupé en fines tranches
1 botte de ciboulette fraîche ciselée

Pour la sauce, mélangez :

1 cuil. à soupe d'huile d'olive vierge extra
1 cuil. à soupe d'huile d'olive à la truffe
1 cuil. à café de vinaigre balsamique
1 pincée de sel et de poivre

VÉGÉTARIEN

VARIANTE
VÉGÉTALIENNE
Remplacez l'œuf et le
fromage par ½ patate
douce rôtie ou 100 g
(¾ tasse) de courge
musquée rôtie.

QUINOA, ŒUF, MANCHEGO, OLIVES ET LÉGUMES VINAIGRÉS

Pour la salade, disposez dans l'assiette :

100 g (⅔ tasse) de quinoa rouge et blanc précuit

1 œuf dur coupé en morceaux

1 petite poignée d'olives noires dénoyautées et
coupées en deux

50 g (½ tasse) de manchego (cheddar ou d'autres
fromages doux) coupé en morceaux

4-6 cornichons

4-6 petits oignons au vinaigre

1 poignée de persil plat frais

Pour la sauce, mélangez :

1 cuil. à soupe d'huile d'olive vierge extra

1 cuil. à café de vinaigre balsamique

1 pincée de sel et de poivre

VÉGÉTARIEN

SANS
RÉGIME SPÉCIAL
Ajoutez 50 g (2 oz)
de poulet rôti ou
de chorizo.

CHEDDAR, HARICOTS NOIRS ET TOMATES SÉCHÉES

Pour la salade, disposez dans l'assiette :

60 g (¾ tasse) de chou blanc coupé en lanières
100 g (½ tasse) de haricots noirs en boîte
½ petit oignon rouge finement haché
1 poignée de tomates séchées coupées
en morceaux
50 g (½ tasse) de cheddar affiné coupé en dés
1 poignée de coriandre fraîche

Pour la sauce, mélangez :

1 cuil. à soupe d'huile d'olive vierge extra
1 cuil. à café de vinaigre de cidre
1 pincée de sel
1 pincée de flocons de piment

CRU

SANS
RÉGIME SPÉCIAL
Ajoutez 50 g (2 oz)
de poulet ou de
bœuf rôtis, ou
de jambon.

PANAIS, ASPERGES, PIGNONS ET PESTO

Pour la salade, disposez dans l'assiette :

3 pointes d'asperges détaillées en rubans
avec un économe

1 panais (ou 1 carotte) détaillé en rubans
avec un économe

1 poignée de pignons

1 poignée de persil plat frais

Pour la sauce, mélangez :

1 cuil. à soupe d'huile d'olive vierge extra

1 cuil. à café de vinaigre de cidre

1 pincée de sel et de poivre

2 cuil. à soupe de pesto vert (page 25)

VARIANTE
AVEC DU POISSON
Remplacez le cottage
cheese par 50 g (2 oz)
de maquereau ou de
saumon fumé.

PATATE DOUCE, QUINOA ET FROMAGE COTTAGE

Pour la salade, disposez dans l'assiette :

50 g (1 ½ tasse) de choux précoces coupés
en lanières

100 g (⅔ tasse) de quinoa rouge précuit

½ patate douce rôtie coupée en morceaux

2 cuil. à soupe de fromage cottage

1 poignée de persil plat frais

Pour la sauce, mélangez :

1 cuil. à soupe d'huile d'olive vierge extra

1 cuil. à café de vinaigre de cidre

1 pincée de sel et de poivre

VARIANTE VÉGÉTARIENNE
Ajoutez 50 g (⅓ tasse) de fromage de chèvre, de bleu ou de pecorino.

PATATE DOUCE, GROS HARICOTS BLANCS ET PISTACHES

Pour la salade, disposez dans l'assiette :

50 g (1 ½ tasse) de pousses de petits pois ou de cresson

100 g (½ tasse) de gros haricots blancs ou de fèves en boîte

½ patate douce rôtie coupée en morceaux

1 poignée de pistaches

Pour la sauce, mélangez :

1 cuil. à soupe d'huile d'olive vierge extra

1 cuil. à café de vinaigre de cidre

1 pincée de sel et de poivre

CRU

VARIANTE VÉGÉTARIENNE
Remplacez la sauce aux pignons et à l'agave par de la crème fraîche.

CHOU-FLEUR, AVOCAT ET BAIES DE GOJI

Pour la salade, disposez dans l'assiette :

50 g (1 ½ tasse) de mâche

50 g (½ tasse) de bouquets de chou-fleur
divisés en petits morceaux

1 avocat coupé en morceaux

1 poignée de baies de goji séchées

1 poignée de pignons

Pour la sauce, mélangez :

1 cuil. à soupe d'huile d'olive vierge extra

1 cuil. à café de vinaigre de cidre

1 pincée de sel et de poivre

1 pincée de filaments de safran

2 cuil. à soupe de sauce aux noix de cajou
et à l'agave (page 27) faite avec des pignons

VARIANTE CRUDIVORE

Remplacez les crevettes par 1 poignée de noix de cajou, et la sauce soya par du jus de citron.

CREVETTES, MANGUE, CIBOULES ET PIMENT

Pour la salade, disposez dans l'assiette :

70 g (2 tasses) de mesclun
½ petite mangue coupée en dés
1 poignée de crevettes cuites
2 ciboules émincées
1 poignée de coriandre fraîche

Pour la sauce, mélangez :

1 cuil. à soupe d'huile de tournesol
1 cuil. à café de sauce soya claire (ou de sauce au poisson thaïe)
1 pincée de sel et de poivre
1 pincée de flocons de piment

VÉGÉTARIEN

SANS
RÉGIME SPÉCIAL
Ajoutez 50 g (2 oz)
de poulet ou de
bœuf rôtis.

RIZ COMPLET, MOZZARELLA ET CHAMPIGNONS

Pour la salade, disposez dans l'assiette :

100 g (½ tasse) de riz complet à grains courts précuit

100 g (1 ½ tasse) de champignons de Paris rosés, rôtis et émincés

50 g (½ tasse) de mozzarella coupée en morceaux

1 poignée de basilic frais

Pour la sauce, mélangez :

1 cuil. à soupe d'huile d'olive vierge extra

1 cuil. à café de vinaigre de cidre

1 pincée de sel et de poivre

POULET RÔTI, QUINOA, FÈVES ET MAÏS

Pour la salade, disposez dans l'assiette :

100 g (⅔ tasse) de quinoa rouge et blanc précuit
1 petit avocat coupé en morceaux
50 g (⅓ tasse) de maïs doux, frais ou en boîte
50 g (⅓ tasse) de fèves cuites à la vapeur
50 g (2 oz) de poulet rôti coupé en morceaux
1 poignée de coriandre fraîche

Pour la sauce, mélangez :

1 cuil. à soupe d'huile d'olive vierge extra
2 cuil. à soupe de crème de soya
1 cuil. à soupe de gingembre en poudre
1 pincée de sel et de poivre

SANS
RÉGIME SPÉCIAL
Remplacez le maquereau
par 50 g (2 oz) de bœuf
rôti ou de jambon et
ajoutez 1 cuil. à café de
moutarde de Dijon.

MAQUEREAU FUMÉ, POMMES DE TERRE RÔTIES ET CHOU KALE

Pour la salade, disposez dans l'assiette :

50 g (1 ½ tasse) de chou kale (ou, à défaut, de
chou frisé) coupé en morceaux (sans les tiges)
3 pommes de terre rôties coupées en morceaux
1 poignée de canneberges séchées
100 g (2 oz) de maquereau fumé émietté
2 ciboules émincées

Pour la sauce, mélangez :

1 cuil. à soupe d'huile d'olive vierge extra
1 cuil. à café de jus de citron
1 pincée de sel et de poivre

VARIANTE CRUDIVORE
Remplacez les haricots noirs par 1 poignée de noix de cajou.

HARICOTS NOIRS, AVOCAT, ÉCHALOTE ET PIMENT

Pour la salade, disposez dans l'assiette :

50 g (1 ½ tasse) de mâche

100 g (½ tasse) de haricots noirs en boîte

1 avocat coupé en morceaux

1 petite échalote émincée

1 petit piment rouge épépiné et finement haché

1 poignée de persil plat frais

Pour la sauce, mélangez :

1 cuil. à soupe d'huile d'olive vierge extra

1 cuil. à café de jus de citron

1 pincée de sel et de poivre

VÉGÉTALIEN

SANS
RÉGIME SPÉCIAL
Ajoutez 50 g (2 oz)
de poulet rôti.

COUSCOUS, LENTILLES NOIRES ET PISTACHES

Pour la salade, disposez dans l'assiette :

100 g (½ tasse) de couscous cuit avec 1 pincée
de persil et de coriandre séchés
100 g (½ tasse) de lentilles noires en boîte
1 poignée de pistaches
1 poignée de coriandre fraîche

Pour la sauce, mélangez :

1 cuil. à soupe d'huile d'olive vierge extra
1 cuil. à café de vinaigre de cidre
1 pincée de sel et de poivre
2 cuil. à soupe de hoummos végétalien au
citron et à la coriandre

CRU

**VARIANTE
AVEC DU POISSON**
Ajoutez 50 g (2 oz)
de maquereau fumé
et 1 petit avocat.

PAMPLEMOUSSE ROSE, BROCOLI, CHOU KALE ET CÂPRES

Pour la salade, disposez dans l'assiette :

50 g (1 ½ tasse) de chou kale (ou, à défaut, de
chou frisé) coupé en morceaux (sans les tiges)
100 g (1 tasse) de fleurettes de brocoli violet
divisées en petits morceaux
1 pamplemousse rose coupé en morceaux
1 cuil. à soupe de câpres
1 poignée d'amandes concassées

Pour la sauce, mélangez :

1 cuil. à soupe d'huile d'olive vierge extra
1 cuil. à café de jus de citron
1 pincée de sel et de poivre

CRU

VARIANTE VÉGÉTARIENNE
Remplacez la sauce aux noix de cajou et au citron par du yogourt nature ou de la crème fraîche.

CAROTTE, ORANGE, ABRICOTS SECS ET PISTACHES

Pour la salade, disposez dans l'assiette :

2 petites carottes détaillées en fines lanières avec un couteau à julienne
1 orange coupée en morceaux
1 poignée d'abricots séchés non traités coupés en morceaux
1 poignée de pistaches
quelques lanières de zeste de citron
1 poignée de menthe fraîche

Pour la sauce, mélangez :

1 cuil. à soupe d'huile d'olive vierge extra
1 cuil. à café de jus de citron
1 pincée de sel et de poivre
2 cuil. à soupe de sauce aux fruits à coque et au citron (page 26) faite avec des noix de cajou

SANS
RÉGIME SPÉCIAL
Remplacez
le maquereau fumé
par du jambon fumé.

MAQUEREAU FUMÉ, CAROTTE VIOLETTE ET AVOCAT

Pour la salade, disposez dans l'assiette :

1 carotte violette (ou ordinaire) détaillée en rubans
avec un économe

½ avocat coupé en morceaux

1 poignée de tomates à demi séchées

50 g (2 oz) de maquereau fumé émietté

1 poignée de pignons

1 cuil. à soupe de graines de pavot

1 poignée de thym citron frais

Pour la sauce, mélangez :

1 cuil. à soupe d'huile d'olive vierge extra

1 cuil. à café de vinaigre balsamique

1 pincée de sel et de poivre

VÉGÉTALIEN

**SANS
RÉGIME SPÉCIAL**
Ajoutez 50 g (2 oz)
de poulet rôti ou de
chorizo.

QUINOA, TOMATES SÉCHÉES, PANAIS ET OIGNONS FRITS

Pour la salade, disposez dans l'assiette :

1 gros panais détaillé en rubans
avec un économe
100 g (⅔ tasse) de quinoa rouge et blanc précuit
1 cuil. à soupe d'oignons frits croustillants
50 g (1 tasse) de tomates séchées
1 poignée de basilic frais

Pour la sauce, mélangez :

1 cuil. à soupe d'huile d'olive vierge extra
1 cuil. à café de vinaigre balsamique
1 pincée de sel et de poivre

VARIANTE VÉGÉTALIENNE
Remplacez le saumon par 100 g (½ tasse) de haricots rouges, borlotti ou aduki en boîte.

SAUMON RÔTI, QUINOA, PANAIS ET CHOU PALMIER NOIR

Pour la salade, disposez dans l'assiette :

60 g (1 ¾ tasse) de chou palmier noir coupé en lanières
50 g (⅓ tasse) de quinoa noir précuit
1 petit panais détaillé en rubans avec un économe
50 g (2 oz) de poivrons rouges marinés en pot, coupés en lanières
150 g (6 oz) de saumon rôti émietté
1 poignée de persil plat frais

Pour la sauce, mélangez :

1 cuil. à soupe d'huile d'olive vierge extra
1 cuil. à café de vinaigre balsamique
1 pincée de sel et de poivre

VÉGÉTARIEN

VARIANTE VÉGÉTALIENNE
Remplacez le bleu par 100 g (½ tasse) de lentilles vertes ou noires en boîte.

CHOU-FLEUR, BLEU ET POIVRONS MARINÉS

Pour la salade, disposez dans l'assiette :

30 g (1 tasse) de roquette

100 g (1 tasse) de bouquets de chou-fleur divisés en petits morceaux

1 poignée de poivrons rouges et jaunes marinés en pot

50 g (⅓ tasse) de bleu émietté

1 poignée de graines de courge

1 botte de ciboulette fraîche ciselée

Pour la sauce, mélangez :

1 cuil. à soupe d'huile d'olive vierge extra

1 cuil. à café de vinaigre balsamique

1 pincée de sel et de poivre

VARIANTE
CRUDIVORE

Remplacez le saumon
et les artichauts par
des tomates cerises
et des noix
de pécan.

SAUMON RÔTI, CHOU-FLEUR ET ARTICHAUTS

Pour la salade, disposez dans l'assiette :

100 g (1 tasse) de bouquets de chou-fleur
finement hachés

1 poignée de cœurs d'artichauts grillés et
marinés, coupés en morceaux

50 g (2 oz) de saumon rôti émietté

2 ciboules émincées

1 cuil. à soupe de graines de pavot

1 poignée de coriandre fraîche

Pour la sauce, mélangez :

1 cuil. à soupe d'huile d'olive vierge extra

1 cuil. à café de jus de citron

1 pincée de sel et de poivre

CRU

VARIANTE
VÉGÉTALIENNE
Ajoutez 100 g
(½ tasse) de gros
haricots blancs ou
de doliques
en boîte.

TOMATES SÉCHÉES, AVOCAT ET TRÉVISE

Pour la salade, disposez dans l'assiette :

50 g (1 ½ tasse) de trévise
1 avocat coupé en morceaux
50 g (1 tasse) de tomates séchées
1 poignée de pignons
1 petite échalote émincée
1 poignée de persil plat frais

Pour la sauce, mélangez :

1 cuil. à soupe d'huile d'olive vierge extra
1 cuil. à café de jus de citron
1 pincée de sel et de poivre

POIS CHICHES, OLIVES NOIRES ET TOMATES SÉCHÉES

Pour la salade, disposez dans l'assiette :

50 g (1 ½ tasse) de laitue feuille de chêne rouge

100 g (½ tasse) de pois chiches en boîte

50 g (1 tasse) de tomates séchées

1 poignée d'olives noires dénoyautées et coupées en deux

1 cuil. à soupe de graines de sésame grillées

1 poignée de persil plat frais

Pour la sauce, mélangez :

1 cuil. à soupe d'huile d'olive vierge extra

1 cuil. à café de jus de citron

1 pincée de sel et de poivre

2 cuil. à soupe d'hoummos végétalien

SANS RÉGIME SPÉCIAL
Remplacez le calmar par 50 g (2 oz) de poulet rôti.

CALMAR GRILLÉ, AVOCAT, EDAMAMES ET PIMENT

Pour la salade, disposez dans l'assiette :

50 g (1 ½ tasse) de roquette

1 avocat coupé en morceaux

50 g (⅓ tasse) d'edamames (fèves de soya) cuites à la vapeur

50 g (2 oz) de calmar grillé tranché

1 petit piment rouge épépiné et haché

1 poignée de coriandre fraîche

Pour la sauce, mélangez :

1 cuil. à soupe d'huile d'olive vierge

1 cuil. à café de jus de citron

1 pincée de sel et de poivre

1-2 pincées de gingembre en poudre

SANS RÉGIME SPÉCIAL

VARIANTE CRUDIVORE

Remplacez le poulet par des noix de cajou et la crème de soya par de la sauce aux noix de cajou et à l'agave (page 27).

POULET RÔTI, CAROTTE JAUNE ET BROCOLI VIOLET

Pour la salade, disposez dans l'assiette :

50 g (1 ½ tasse) de choux précoces coupés en morceaux

1 petite carotte jaune (ou ordinaire) détaillée en rubans avec un économe

½ avocat coupé en morceaux

50 g (½ tasse) de fleurettes de brocoli violet divisées en petits morceaux

50 g (2 oz) de poulet rôti coupé en morceaux

1 poignée de persil plat frais

Pour la sauce, mélangez :

1 cuil. à soupe d'huile d'olive vierge extra

2 cuil. à soupe de crème de soya

1 cuil. à soupe de gingembre en poudre

1 pincée de sel et de poivre

VÉGÉTARIEN

SANS RÉGIME SPÉCIAL
Ajoutez des dés de pancetta sautés ou du chorizo.

PÂTES, HARICOTS VERTS, CHOU KALE ET FROMAGE COTTAGE

Pour la salade, disposez dans l'assiette :

100 g (¾ tasse) de fusillis au blé complet précuits
40 g (1 ¼ tasse) de chou kale (ou, à défaut, de chou frisé) coupé en morceaux (sans les tiges)
1 poignée de haricots verts cuits à la vapeur
1 poignée de tomates séchées
50 g (¼ tasse) de fromage cottage
1 poignée de basilic frais

Pour la sauce, mélangez :

1 cuil. à soupe d'huile d'olive vierge extra
1 cuil. à café de vinaigre balsamique
1 pincée de sel et de poivre

VÉGÉTALIEN

**VARIANTE
AVEC DES CREVETTES**
Ajoutez 50 g (2 oz)
de crevettes cuites.

RIZ SAUVAGE, CHOU-FLEUR ET CHOUX PRÉCOCES

Pour la salade, disposez dans l'assiette :

100 g (½ tasse) de riz sauvage précuit

30 g (1 tasse) de choux précoces finement hachés

100 g (1 tasse) de bouquets de chou-fleur divisés en petits morceaux

1 botte de ciboulette fraîche ciselée

Pour la sauce, mixez :

1 cuil. à soupe de tomates séchées

1 cuil. à soupe d'huile d'olive vierge extra

1 cuil. à café de vinaigre de cidre

1 pincée de sel et de poivre

1 pincée de flocons de piment

1 cuil. à soupe d'eau

VÉGÉTALIEN

SANS
RÉGIME SPÉCIAL
Ajoutez 50 g (2 oz)
de jambon fumé.

CHOU ROUGE, LENTILLES NOIRES ET CAROTTE

Pour la salade, disposez dans l'assiette :

100 g (½ tasse) de lentilles noires en boîte

100 g (1 tasse) de chou rouge coupé en fines lanières

1 carotte détaillée en rubans avec un économe

1 poignée de pignons

1 botte de ciboulette fraîche ciselée

1 cuil. à soupe de tomates séchées

Pour la sauce, mixez :

1 cuil. à soupe d'huile d'olive vierge extra

1 cuil. à café de vinaigre de cidre

1 pincée de sel et de poivre

1 cuil. à café d'eau

VÉGÉTARIEN

VARIANTE
VÉGÉTALIENNE
Remplacez le fromage
de chèvre par 100 g
(¾ tasse) de tomates
ou ½ patate douce
rôtie.

FROMAGE DE CHÈVRE, LENTILLES BRUNES ET PIGNONS

Pour la salade, disposez dans l'assiette :

50 g (1 ½ tasse) de mesclun (frisée, mâche
et radicchio)
100 g (½ tasse) de lentilles brunes en boîte
50 g (⅓ tasse) de fromage de chèvre ferme
(ou de brie) coupé en morceaux
1 poignée de pignons
1 botte de ciboulette fraîche ciselée

Pour la sauce, mélangez :

1 cuil. à soupe d'huile d'olive vierge extra
1 cuil. à café de vinaigre de cidre
1 pincée de sel et de poivre
1 pincée de cumin en poudre

SANS RÉGIME
SPÉCIAL

VARIANTE
AVEC DU POISSON
Remplacez le poulet
rôti par 50 g (2 oz)
de saumon rôti.

POULET RÔTI, RIZ COMPLET ET HARICOTS NOIRS

Pour la salade, disposez dans l'assiette :

100 g (½ tasse) de riz complet à grains courts précuit

100 g (½ tasse) de haricots noirs en boîte

50 g (2 oz) de poivrons rouges marinés en pot, coupés en morceaux

50 g (2 oz) de poulet rôti coupé en morceaux

1 poignée de graines de courge

1 poignée de menthe fraîche

Pour la sauce, mélangez :

1 cuil. à soupe d'huile d'olive vierge extra

1 cuil. à café de vinaigre balsamique

1 pincée de sel et de poivre

1 pincée de paprika fumé en poudre

VARIANTE VÉGÉTARIENNE
Remplacez le saumon par 2 œufs durs.

SAUMON POUR SASHIMI, AVOCAT ET RIZ JASMIN

Pour la salade, disposez dans l'assiette :

100 g (½ tasse) de riz jasmin précuit
1 poignée de pousses de cresson
1 avocat coupé en morceaux
50 g (2 oz) de saumon pour sashimi coupé en tranches
1 botte de ciboulette fraîche ciselée

Pour la sauce, mélangez :

2 cuil. à soupe d'huile de sésame grillé (ou de tournesol)
2 cuil. à café de sauce soya foncée
1 cuil. à soupe de wasabi en poudre

VÉGÉTALIEN

VARIANTE
VÉGÉTARIENNE
Ajoutez 50 g (¼ tasse)
de fromage cottage
ou de bleu.

COURGE MUSQUÉE RÔTIE, LENTILLES NOIRES ET CHOU

Pour la salade, disposez dans l'assiette :

100 g (1 tasse) de chou blanc coupé
en fines lanières
100 g (¾ tasse) de courge musquée rôtie
coupée en morceaux
100 g (½ tasse) de lentilles noires en boîte
1 cuil. à soupe de graines de sésame
1 cuil. à soupe de thym frais

Pour la sauce, mélangez :

1 cuil. à soupe d'huile d'olive vierge extra
1 cuil. à café de vinaigre de cidre
1 pincée de sel et de poivre

PÂTES, MOZZARELLA, CÂPRES ET TOMATES SÉCHÉES

Pour la salade, disposez dans l'assiette :

100 g (¾ tasse) de fusillis au blé complet précuits

1 poignée de tomates séchées coupées en morceaux

1 poignée de câpres

50 g (2 oz) de petites boules de mozzarella

1 botte de ciboulette fraîche ciselée

Pour la sauce, mélangez :

1 cuil. à soupe d'huile d'olive vierge extra

1 cuil. à café de vinaigre balsamique

1 pincée de sel et de poivre

CHORIZO, CROÛTONS ET POIVRONS MARINÉS

Pour la salade, disposez dans l'assiette :

50 g (1 ½ tasse) de pousses d'épinards
50 g (2 oz) de poivrons rouges marinés en pot,
coupés en morceaux
50 g (2 oz) de chorizo coupé en morceaux
1 poignée de croûtons de pain complet
50 g (½ tasse) de pecorino en copeaux
1 poignée de persil plat frais

Pour la sauce, mélangez :

1 cuil. à soupe d'huile d'olive vierge extra
1 cuil. à café de vinaigre de cidre
1 pincée de sel et de poivre

VARIANTE VÉGÉTALIENNE
Remplacez
le thon par 100 g
(½ tasse) de lentilles
vertes en boîte.

THON, CAROTTE, POIVRONS ROUGES ET CROÛTONS

Pour la salade, disposez dans l'assiette :

1 poignée de roquette
1 carotte détaillée en fines lanières avec un couteau
à julienne
½ poivron rouge coupé en morceaux
50 g (2 oz) de thon au naturel en boîte émietté
1 poignée de croûtons de pain complet
2 ciboules émincées
1 poignée de coriandre fraîche

Pour la sauce, mélangez :

2 cuil. à soupe de mayonnaise
1 cuil. à café de sauce soya foncée
1 cuil. à café de gingembre en poudre

CRU

VARIANTE VÉGÉTARIENNE
Ajoutez 50 g (2 oz) de fromage de chèvre et remplacez la sauce aux fruits à coque et au citron par de la crème fraîche.

PANAIS, CHAMPIGNONS, NOIX ET CRÈME À LA TRUFFE

Pour la salade, disposez dans l'assiette :

1 panais détaillé en rubans avec un économe
100 g (1 ½ tasse) de champignons de Paris émincés
1 poignée de noix concassées
1 poignée de persil plat frais

Pour la sauce, mélangez :

1 cuil. à soupe d'huile d'olive à la truffe
1 cuil. à café de vinaigre balsamique
1 pincée de sel et de poivre
2 cuil. à soupe de sauce aux fruits à coque et au citron (page 26)

VÉGÉTARIEN

VARIANTE CRUDIVORE
Remplacez la mayonnaise et les œufs par de la sauce aux pignons (page 27).

CHOU ROUGE, CAROTTE, PANAIS ET MAYONNAISE

Pour la salade, disposez dans l'assiette :

100 g (1 tasse) de chou rouge coupé en fines lanières

½ carotte détaillée en fines lanières avec un couteau à julienne

½ panais détaillé en fines lanières avec un couteau à julienne

1 cuil. à café de graines de pavot

Pour la sauce, mélangez :

1 cuil. à soupe d'huile d'olive vierge extra

1 cuil. à café de vinaigre de cidre

1 pincée de sel et de poivre

2 cuil. à soupe de mayonnaise

1 œuf dur finement haché

POULET RÔTI, AVOCAT ET CROÛTONS

Pour la salade, disposez dans l'assiette :

50 g (1 ½ tasse) de roquette et de mâche mélangées
½ avocat coupé en morceaux
50 g (2 oz) de poulet ou de dinde rôtis coupés
en morceaux
1 poignée de croûtons de pain complet
2 ciboules émincées
50 g (½ tasse) de parmesan en copeaux

Pour la sauce, mélangez :

1 cuil. à soupe d'huile d'olive vierge extra
1 cuil. à café de vinaigre balsamique
1 pincée de sel et de poivre

MOZZARELLA, ASPERGES ET CHOU PALMIER NOIR

Pour la salade, disposez dans l'assiette :

70 g (2 tasses) de chou palmier noir coupé en
morceaux (sans les tiges)
2 asperges détaillées en rubans avec un économe
50 g (½ tasse) de mozzarella coupée en dés
1 poignée de pignons
1 poignée de basilic frais

Pour la sauce, mélangez :

1 cuil. à soupe d'huile d'olive vierge extra
1 cuil. à café de vinaigre balsamique
1 pincée de sel et de poivre
2 cuil. à soupe de pesto classique (page 25)

VÉGÉTALIEN

VARIANTE
VÉGÉTARIENNE
Ajoutez 50 g (¼ tasse)
de fromage cottage
ou de fromage
de chèvre.

CHOU-FLEUR, CANNEBERGES SÉCHÉES ET CHOU KALE

Pour la salade, disposez dans l'assiette :

50 g (1 ½ tasse) de chou kale (ou, à défaut, de chou frisé) coupé en morceaux (sans les tiges)
100 g (1 tasse) de bouquets de chou-fleur en morceaux
½ petit oignon rouge émincé
1 poignée de pistaches
1 poignée de canneberges séchées
1 poignée de croûtons de pain complet
1 poignée de persil plat frais

Pour la sauce, mélangez :

1 cuil. à soupe d'huile d'olive vierge extra
1 cuil. à café de vinaigre balsamique
1 pincée de sel et de poivre

CHOU-FLEUR, NOISETTES ET ABRICOTS SECS

Pour la salade, disposez dans l'assiette :

50 g (1 ½ tasse) de jeunes pousses mélangées
100 g (1 tasse) de bouquets de chou-fleur
divisés en petits morceaux
1 poignée d'abricots secs non traités, coupés
en morceaux
1 poignée de noisettes concassées
1 poignée de persil plat frais

Pour la sauce, mélangez :

1 cuil. à soupe d'huile d'olive vierge extra
1 cuil. à café de vinaigre de cidre
1 pincée de sel et de poivre

VARIANTE CRUDIVORE

Remplacez le maquereau fumé par 1 poignée de câpres et un supplément de pignons.

MAQUEREAU FUMÉ, CHOU-FLEUR ET ASPERGES

Pour la salade, disposez dans l'assiette :

50 g (1 ½ tasse) de roquette

2 asperges détaillées en rubans avec un économe

60 g (½ tasse) de bouquets de chou-fleur divisés en petits morceaux

50 g (2 oz) de maquereau fumé émietté

1 poignée de pignons

1 poignée de persil plat frais

Pour la sauce, mixez :

1 cuil. à soupe d'huile d'olive vierge extra

1 cuil. à café de jus de citron

1 pincée de sel et de poivre

1 poignée de graines de courge

1 cuil. à café de câpres

CHORIZO, QUINOA NOIR, ASPERGES ET EDAMAMES

Pour la salade, disposez dans l'assiette :

50 g (2 oz) de chorizo coupé en dés

100 g (⅔ tasse) de quinoa noir précuit

100 g (⅔ tasse) d'edamames (fèves de soya)
cuites à la vapeur

2 asperges détaillées en rubans avec
un économe

1 botte de ciboulette fraîche ciselée

Pour la sauce, mélangez :

1 cuil. à soupe d'huile d'olive vierge extra

1 cuil. à café de vinaigre balsamique

1 pincée de sel et de poivre

CHORIZO, RIZ NOIR, PETITS POIS ET POIVRONS MARINÉS

Pour la salade, disposez dans l'assiette :

100 g (½ tasse) de riz noir précuit

100 g (¾ tasse) de petits pois cuits à la vapeur

1 poignée de poivrons rouges marinés en pot

50 g (2 oz) de chorizo coupé en morceaux

1 poignée de graines de courge

1 poignée de persil plat frais

Pour la sauce, mélangez :

1 cuil. à soupe d'huile d'olive vierge extra

1 cuil. à café de vinaigre balsamique

1 pincée de sel et de poivre

VARIANTE
CRUDIVORE
Remplacez le crabe
par 1 poignée de noix
de cajou et de raisins
secs. Utilisez des
poivrons crus.

CRABE, AVOCAT ET POIVRONS MARINÉS

Pour la salade, disposez dans l'assiette :

60 g (1 ¾ tasse) de roquette

1 avocat coupé en morceaux

1 poignée de poivrons rouges marinés en pot,
coupés en morceaux

50 g (2 oz) de miettes de crabe

1 botte de ciboulette fraîche ciselée

Pour la sauce, mélangez :

1 cuil. à soupe d'huile d'olive vierge extra

1 cuil. à café de jus de citron

1 pincée de sel et de poivre

CRU

SANS
RÉGIME SPÉCIAL
Ajoutez 50 g (2 oz)
de blanc de
poulet rôti.

BROCOLI VIOLET, CHAMPIGNONS ET NOIX DE COCO SÉCHÉE

Pour la salade, disposez dans l'assiette :

60 g (1 ¾ tasse) de choux précoces coupés en lanières
1 poignée de champignons de Paris blancs émincés
100 g (1 tasse) de fleurettes de brocoli violet divisées
en petits morceaux
½ petit piment rouge émincé
2 ciboules émincées
2 cuil. à soupe de copeaux de noix de coco
1 poignée de coriandre fraîche

Pour la sauce, mélangez :

1 cuil. à soupe d'huile d'olive vierge extra
1 cuil. à café de vinaigre de cidre
1 pincée de sel et de poivre

PRINTEMPS

VARIANTE
VÉGÉTARIENNE
Remplacez
les anchois par
du brocoli violet.

ANCHOIS, ŒUFS DE CAILLE, QUINOA ET ASPERGES

Pour la salade, disposez dans l'assiette :

50 g (1 ½ tasse) de choux précoces coupés en lanières

50 g (⅓ tasse) de quinoa blanc et rouge précuits

1 asperge détaillée en rubans avec un économe

3-4 œufs de caille durs coupés en deux

50 g (¼ tasse) d'anchois marinés

1 botte de ciboulette fraîche ciselée

Pour la sauce, mélangez :

1 cuil. à soupe d'huile d'olive vierge extra

1 cuil. à café de vinaigre de cidre

1 pincée de sel et de poivre

**VARIANTE
VÉGÉTARIENNE**
Remplacez la dinde
rôtie par 50 g (2 oz)
de fromage de
chèvre.

DINDE RÔTIE, COURGE MUSQUÉE RÔTIE ET POIS CHICHES

Pour la salade, disposez dans l'assiette :

80 g (2 ½ tasses) de chou frisé coupé en lanières

100 g (¾ tasse) de courge musquée rôtie coupée
en morceaux

50 g (½ tasse) de pois chiches en boîte

50 g (2 oz) de dinde rôtie coupée en fines tranches

1 poignée de pistaches rôties

1 poignée de canneberges séchées

1 poignée de persil plat frais

Pour la sauce, mélangez :

1 cuil. à soupe d'huile d'olive vierge extra

1 cuil. à café de vinaigre balsamique

1 pincée de sel et de poivre

VÉGÉTARIEN

VARIANTE VÉGÉTALIENNE

Remplacez le pecorino et les œufs par des haricots cannellini ou blancs en boîte et quelques amandes.

ŒUF, ASPERGES, CROÛTONS ET PECORINO

Pour la salade, disposez dans l'assiette :

50 g (1 ½ tasse) de jeunes pousses de laitues mélangées

2 asperges détaillées en rubans avec un économe

1 œuf dur coupé en quartiers

1 poignée de croûtons de pain complet

30 g (⅓ tasse) de pecorino coupé en morceaux

Pour la sauce, mélangez :

1 cuil. à soupe d'huile d'olive vierge extra

1 cuil. à café de vinaigre balsamique

1 pincée de sel et de poivre

VARIANTE VÉGÉTALIENNE
Remplacez les germes de soya par 100 g (½ tasse) de haricots aduki ou de doliques en boîte.

CHAMPIGNONS ENOKI, AVOCAT ET GERMES DE SOYA

Pour la salade, disposez dans l'assiette :

1 poignée de jeunes pousses de laitues mélangées (bettes, cresson et laitue feuille de chêne rouge)
1 avocat coupé en morceaux
50 g (½ tasse) de champignons enoki
1 poignée de germes de soya (et de lentilles)

Pour la sauce, mélangez :

1 cuil. à soupe d'huile d'olive vierge extra
1 cuil. à café de vinaigre de cidre
1 pincée de sel et de poivre

POULET RÔTI, HARICOTS CANNELLINI ET POUSSES DE PETITS POIS

Pour la salade, disposez dans l'assiette :

50 g (1 ½ tasse) de pousses de petits pois ou
de cresson

100 g (½ tasse) de haricots cannellini ou
de haricots blancs en boîte

50 g (2 oz) de poulet rôti coupé en morceaux

1 poignée de canneberges séchées

Pour la sauce, mélangez :

1 cuil. à soupe d'huile d'olive vierge extra

1 cuil. à café de vinaigre de cidre

1 pincée de sel et de poivre

1 pincée de filaments de safran

CRU

**VARIANTE
VÉGÉTARIENNE**
Remplacez la sauce
aux fruits à coque et au
citron par du yogourt
nature ou à la
grecque.

POMME, BROCOLI, PAK-CHOÏ ET AMANDES

Pour la salade, disposez dans l'assiette :

60 g (1 ¾ tasse) de pak-choï ou de choux
précoces coupés en lanières
1 pomme coupée en morceaux
100 g (1 tasse) de fleurettes de brocoli
divisées en petits morceaux
1 poignée d'amandes
1 poignée de menthe fraîche

Pour la sauce, mélangez :

1 cuil. à soupe d'huile d'olive vierge extra
1 cuil. à café de jus de citron
1 pincée de sel et de poivre
2 cuil. à soupe de sauce aux fruits à coque
et au citron (page 26) faite avec des amandes

OLIVES NOIRES, CROÛTONS ET PARMESAN

Pour la salade, disposez dans l'assiette :

100 g (3 tasses) de roquette

1 poignée de croûtons de pain complet

30 g (⅓ tasse) de parmesan en copeaux

1 poignée d'olives noires de Nice dénoyautées

1 cuil. à soupe de graines de sésame grillées

2 ciboules émincées

Pour la sauce, mixez :

1 cuil. à soupe d'huile d'olive vierge extra

1 cuil. à café de tahini

1 cuil. à soupe de crème liquide

1 pincée de sel et de poivre

VARIANTE
VÉGÉTALIENNE
Ne mettez pas de bœuf
et remplacez le pesto
classique par du pesto
vert (page 25).

BŒUF RÔTI, COUSCOUS, ASPERGES ET CHOU KALE

Pour la salade, disposez dans l'assiette :

80 g (2 ½ tasses) de chou kale (ou, à défaut,
de chou frisé) coupé en morceaux

50 g (¼ tasse) de couscous cuit

2 pointes d'asperges détaillées en rubans
avec un économe

50 g (2 oz) de bœuf rôti coupé en fines
tranches

1 poignée de persil plat frais

Pour la sauce, mélangez :

1 cuil. à soupe d'huile d'olive vierge extra

1 cuil. à café de vinaigre de cidre

1 pincée de sel et de poivre

1 cuil. à soupe de pesto classique (page 25)

CHOU KALE, POMMES DE TERRE NOUVELLES ET OLIVES NOIRES

Pour la salade, disposez dans l'assiette :

50 g (1 ½ tasse) de chou kale (ou, à défaut, de chou frisé) coupé en morceaux

100 g (⅔ tasse) de pommes de terre cuites à la vapeur et coupées en deux

1 poignée de poivrons rouges marinés en pot

1 poignée d'olives noires dénoyautées

1 poignée de persil plat frais

Pour la sauce, mélangez :

1 cuil. à soupe d'huile d'olive vierge extra

1 cuil. à café de vinaigre de cidre

1 pincée de sel et de poivre

VÉGÉTALIEN

SANS RÉGIME SPÉCIAL
Ajoutez 50 g (2 oz)
de poulet ou de bœuf
rôtis, ou de jambon
fumé.

HARICOTS PINTO, ARTICHAUTS ET GRAINES DE SÉSAME

Pour la salade, disposez dans l'assiette :

50 g (1 ½ tasse) de roquette

100 g (½ tasse) de haricots pinto ou borlotti
en boîte

1 poignée de cœurs d'artichauts grillés marinés
en pot, coupés en morceaux

1 cuil. à café de graines de sésame grillées

1 botte de ciboulette fraîche ciselée

Pour la sauce, mélangez :

1 cuil. à soupe d'huile d'olive vierge extra

1 cuil. à café de vinaigre de cidre

1 pincée de sel et de poivre

1 cuil. à soupe de crème d'artichaut

POISSON

VARIANTE VÉGÉTARIENNE
Remplacez la pieuvre par du fromage de chèvre ou de la feta.

PIEUVRE, TOMATES SÉCHÉES ET POMMES DE TERRE NOUVELLES

Pour la salade, disposez dans l'assiette :

50 g (1 ½ tasse) de roquette

100 g (⅔ tasse) de pommes de terre nouvelles cuites à la vapeur

1 poignée de tomates séchées coupées en morceaux

50 g (2 oz) de pieuvre cuite coupée en morceaux

1 poignée de persil plat frais

Pour la sauce, mélangez :

1 cuil. à soupe d'huile d'olive vierge extra

1 cuil. à café de vinaigre balsamique

1 pincée de sel et de poivre

INDEX

N.B. Les ingrédients les plus courants
comme l'huile d'olive, le vinaigre,
le sel et le poivre ne sont pas inclus
dans cet index.
* ingrédients de remplacement.

A

abricot sec 169, 178, 210, 258, 283
ail 46, 49, 87, 241
amandes 37, 115, 120, 169, 176, 178,
185*, 219, 228*, 257, 291*, 294
amarante 68
anchois 57, 106*, 128, 134*, 146,
184*, 209*, 226, 289
aneth 52, 135, 176
artichaut 50, 128, 150, 151*, 165,
172, 175*, 180, 217, 231, 236, 239,
250, 262, 263, 269, 282, 283, 284,
286*
asiago 169
asperges 234, 247, 281, 284, 285, 289,
291, 296
aubergine 44, 67, 69, 85, 95, 98, 121,
124, 129
avocat 34*, 47, 54, 62*, 72, 73*, 79,
84, 92, 93*, 102, 104*, 136, 162,
197, 205*, 229, 242, 250, 253, 255,
257*, 259, 264, 266, 267, 273, 280,
287, 292

B

baba ghanoush 85
baies de goji 187, 250
base d'une salade 15
basilic 34, 46, 49, 83, 88, 93, 95, 116,
124, 134, 143, 174, 215, 222, 234,
236, 243, 252, 260, 268, 281
bette 118
betterave 130, 131, 151, 184, 192, 193,
202, 203
bleu 48, 114, 125*, 138, 165*, 172*,
177, 178*, 180, 210*, 213*, 217,
221*, 239*, 249*, 262, 274*, 297*
bleuets 59, 70, 71, 91, 149*, 155*,
202

bœuf 58, 87, 110*, 112*, 118, 131,
148*, 152, 156*, 163, 191, 200*,
207*, 211*, 222*, 231, 236*, 238*,
241, 244, 247*, 252*, 254*, 265*,
181*, 283*, 296, 298*
bresaola 58, 152
brie 55*, 76*, 87*, 90*, 125*, 171*,
178*, 187*, 213*, 224*, 271
brocoli 70, 82, 94, 104, 105, 106, 111,
112, 113, 117, 151, 152, 153, 157,
162, 164, 213, 234, 242*, 243, 257,
267, 288, 289*, 294

C

cacahuètes 108
calmar 73, 80, 162, 175, 266
canneberges séchées 171, 208, 231,
254, 282, 290, 293
câpres 27, 52*, 57*, 96*, 112, 128,
146*, 206, 209, 223, 257, 275, 284
cari en poudre 44
carotte 40, 47*, 73, 84, 112, 118, 125,
126, 137, 142, 150, 159, 186, 187,
200, 201, 208, 212, 213, 238, 258,
259, 267, 270, 277, 279
céleri 48*, 99*, 115, 138, 141, 165,
173, 177, 189, 202, 211, 216
céréales 15
cerises 140*
champignons 110, 117, 125, 174, 182,
183, 200, 212, 234, 244, 252, 278,
288, 292
cheddar 59, 103, 136*, 142*, 144, 145,
153*, 186*, 199, 245, 246
chorizo 40*, 64, 67*, 74*, 78, 102*,
174*, 181, 196*, 198, 204*, 246*,
260*, 265*, 268*, 276, 285, 286
chou 41, 72, 73, 96, 144, 148, 200,
219, 227, 229, 230, 231, 241, 246,
270, 274, 279
kale 93, 156, 172, 185, 194, 210,
211, 224, 237, 254, 257, 268, 282,
290, 296, 297
palmier noir 97, 120, 136, 137, 180,
181, 191, 218, 261, 281

romanesco 192
rouge 41, 72, 73, 148, 200, 227, 230,
270, 279
choux précoces 243, 248, 267, 269,
288, 289, 294
ciboule 41, 51, 56, 64, 68, 74, 78,
82, 83, 85, 94, 106, 108, 110, 119,
126, 132, 143, 147, 149, 152, 153,
164, 183, 197, 205, 206, 213, 214,
240, 242, 243, 251, 254, 263, 277,
280, 288, 295
ciboulette 54, 55, 62, 63, 67, 71, 72,
73, 77, 81, 96, 99, 104, 105, 111,
118, 123, 128, 137, 142, 154, 162,
165, 170, 171, 172, 187, 195, 202,
203, 204, 211, 212, 217, 218, 219,
221, 244, 262, 269, 270, 271, 273,
275, 285, 287, 289, 298
citron 36, 38, 41, 52, 53, 70, 72, 73,
74, 90, 99, 102, 109, 120, 126, 133,
137, 141, 146, 151, 154, 157, 162,
170, 172, 185, 197, 199, 224, 227,
228, 229, 230, 235, 237, 251*, 254,
255, 257, 258, 263, 264, 265, 266,
284, 287, 294
vert 75, 108
composer des salades 13-27
concombre 47, 51, 56, 57, 92, 93, 96,
97, 109*, 119, 121, 137*, 146, 162*,
163, 205
coriandre 44, 45, 68, 75, 76, 82, 92,
97, 102, 108, 126, 145, 160, 186,
200, 246, 251, 253, 256, 263, 266,
277, 288
cornichons 225, 245
courge musquée 196, 245*, 274,
290
courgette 54, 63, 66, 67, 72, 74, 78,
83, 87, 109, 111, 116, 130, 134, 135,
142, 143, 144, 161, 163
couscous 15, 42, 50, 69, 80, 105, 129,
133, 146, 151, 161, 175, 178, 179,
199, 204, 224, 256, 296, 204, 224,
256, 296
crabe 35, 47, 186, 287

crème 98*, 113*, 141*, 189*, 225, 231, 235*, 250*, 258*, 278*, 295
  aux fruits à coque 173*
  d'avoine 68, 98, 113, 120*, 159, 173*, 182, 189, 223
  de soja 45, 56*, 113, 120*, 121, 159, 173*, 182, 189, 194*, 200, 223, 253, 267, 295*
cresson 35, 47, 56, 62, 82, 92, 157, 162, 177, 182, 183, 193, 222, 244, 249, 273, 293
crevettes 45, 68*, 72*, 76, 106*, 116*, 119, 126*, 142, 218*, 229*, 242, 243*, 251, 269*
croûtons 46, 51, 54*, 55, 123, 194*, 225, 276, 277, 280, 282, 291, 295
CRU (RECETTES) 36, 40, 53, 54, 63, 70, 72, 74, 77, 82, 84, 90, 97, 106, 112, 120, 125, 126, 130, 135, 136, 139, 141, 148, 154, 156, 172, 176, 184, 187, 192, 194, 202, 210, 216, 221, 227, 229, 230, 235, 238, 243, 247, 250, 257, 258, 264, 278, 283, 288, 292, 294
CRU (VARIANTES) 34, 37, 39, 47, 51, 52, 57, 61, 62, 71, 73, 75, 81, 91, 96, 103, 104, 108, 115, 122, 127, 137, 140, 149, 151, 155, 157, 162, 185, 188, 217, 220, 228, 231, 251, 255, 263, 267, 279, 284, 287
cumin 271
curcuma 242

D
dattes 176, 199, 221
dinde 63*, 212, 280, 290
doliques 35*, 64*, 97*, 177*, 180*, 264*, 292*

E
échalote 255, 264
edamames 97*, 114*, 119*, 186, 205*, 218, 266, 285
endive 221
épeautre 66, 78, 150, 164
épices 23
épinards 34, 38, 71, 91, 103, 111, 123, 127, 131, 155, 236, 276
estragon 149, 179

F
fenouil 38, 52, 53, 61*, 114, 153, 154, 158, 169, 176, 180, 187, 195*, 216, 227
feta 36*, 42*, 52, 58*, 89, 96, 115, 127, 128*, 129, 187*, 191*, 240*, 299*
feuilles de salade 51, 58, 59, 60, 70, 74, 85, 90, 107, 122, 125, 130, 138, 139, 140, 145, 149, 187, 190, 212, 214, 220, 225, 240, 251, 271, 283, 291, 292
fèves 114*, 249, 253
figue 139, 154, 155
fleurs
  de bourrache 51
  de capucine 74, 75, 85
  de ciboulette 50
  de violettes 84, 90
fraise 37, 53, 70, 81
framboise 25, 103, 120, 140*, 227
fromage cottage 53*, 56, 71, 123, 214*, 248, 268, 274*, 282*, 297*
fromage de chèvre 36*, 42*, 53*, 55*, 61, 76*, 87*, 90*, 91, 92*, 93, 125*, 128*, 139*, 155, 165*, 171*, 172*, 178*, 182*, 187*, 192*, 193, 201, 210*, 213*, 224*, 239*, 249*, 271, 278*, 282*, 285*, 290*, 299*
fruit 17

G
garniture 21
germes de luzerne 130
  de soja 75*, 108, 136, 292
gingembre 68, 75, 84, 97, 119, 126, 235, 253, 266, 267
gorgonzola 177, 221*
gouda 79*, 136*, 145, 169, 244*
graines de chanvre 36, 54, 90, 91, 112, 130
  de courge 38, 50*, 52, 53, 71, 76, 77, 83, 87, 112, 127*, 148, 162, 184, 189, 192, 194, 216, 227, 262, 272, 284, 286
  de fenouil 114, 176, 239
  de lin 94*
  de pavot 119, 230, 235, 259, 263, 279
grenade 52, 91*, 121, 122, 125, 130, 131, 153, 154, 173, 192, 193, 194, 201, 204, 229
gros haricots blancs 131*, 134, 165, 212*, 219*, 225*, 249, 264*

H
haricots
  aduki 69*, 131*, 261*, 292*
  blancs 64*, 129*, 131*, 291*, 293
  borlotti 226, 261*, 298
  cannellini 35*, 64*, 66*, 85, 88, 107, 129*, 143, 144*, 180*, 182, 212*, 219*, 222, 291*, 293
  mange-tout 45, 75, 84, 108*, 117, 156, 243
  noirs 38*, 48*, 69*, 78, 94, 102, 145, 204, 237*, 246, 255, 272
  pinto 197, 298
  rouges 79, 225*, 261*
haricots verts 43*, 46, 49, 68, 86, 113, 130*, 132, 133, 135*, 156, 174, 236, 237*, 268
herbes 21
hoummos 41, 62, 107, 153, 256, 265

J
jambon 39, 41*, 55, 60, 63*, 85*, 86*, 96, 105, 112*, 122, 138, 148*, 149, 168, 169*, 176*, 207*, 208, 211*, 220, 234, 236*, 247*, 254*, 259*, 265*, 270*, 275*, 281*, 283*, 298*
  de Parme 39, 55, 59*, 149, 169*, 201*, 220, 230*, 234
  serrano 59*, 201*

L
laitue 36, 37, 77, 99, 106, 114, 124, 134, 173, 176, 197, 206, 223, 265
légumes 17
lentilles 48*, 50, 69*, 144*, 171, 188*, 190*, 193*, 212, 214, 224, 237*, 244, 256, 262*, 270, 271, 274, 277*

M
mâche 138, 250, 255, 280
maïs 45, 76, 77, 104, 106, 108*, 145, 152, 253

manchego 136*, 142*, 144, 145, 169, 186*, 198, 239*, 244*, 245

mangue 149, 243, 251

maquereau 109, 134*, 151, 157, 164*, 185, 202*, 208*, 223*, 229*, 237, 248*, 254, 257*, 259, 284

marjolaine 69

mayonnaise 27, 142, 156*, 159*, 211, 242, 279

au safran 27

melon 36, 37, 55, 90, 91, 123*

menthe 36, 37, 40, 53, 58, 59, 91, 103, 121, 129, 138, 139, 153, 155, 156, 163, 169, 184, 189, 191, 227, 228*, 235, 258, 272, 294

miso 68, 97

moutarde 26, 27, 130, 151, 219, 225, 231, 238, 254*

mozzarella 34, 105*, 252, 275, 281

mûres 90, 120, 122, 123, 138, 139

N

nectar d'agave 97, 108

nectarine 58

noisettes 70, 139, 201, 234, 283

noix 59, 72, 81*, 117, 122, 125, 131, 138, 141, 155, 165, 173, 182, 185*, 195, 199, 212, 217, 220*, 230, 231*, 238, 278

de cajou 27, 44, 52*, 58, 126, 132*, 216, 221, 251*, 255*, 287*

de coco 45, 84, 126, 235, 288

de pécan 199, 263

nori 47, 94, 110, 119, 205

O

œufs 158, 211, 245, 273*, 279, 285*, 289, 291

de caille 158, 211, 289

de poisson 170, 205

oignon 67, 179, 237, 245, 260

rouge 34*, 39*, 49, 52*, 73*, 79, 86, 89, 93*, 95, 96*, 127, 136, 161, 181, 188, 196, 198, 209, 224, 228, 238, 241, 246, 282

olives 42, 49, 51, 57, 64, 65, 73, 89, 111, 127, 133*, 134, 135, 146*, 147, 161, 179, 185, 206, 215*, 227, 241, 245, 265, 295, 297

orange 131, 184, 185, 195, 230, 258

orge 65, 66, 95, 174, 218

origan 34

ossau-iraty 79*, 244*

P

pak-choï 243, 294

pamplemousse 194, 228, 229, 235, 257

panais 170, 171, 188, 193, 207, 226*, 234, 235, 247, 260, 261, 278, 279

pancetta 67*, 174*, 204*, 268*

paprika 142, 153, 170*, 181, 271

parmesan 39, 46, 70*, 81, 88*, 95*, 107*, 117, 143*, 153*, 158, 182*, 183, 192*, 240*, 280, 293*, 295, 296*

pastèque 52

pastrami 40*, 63*, 86*, 163, 191, 225

patate douce 41, 44, 191, 198, 203*, 206, 213, 214, 215, 218, 219, 239, 245*, 248, 249, 271*, 276*

pâtes 64, 88, 94, 147, 268, 275

sans gluten 147

pêche 59, 140*

pecorino 42*, 50, 65*, 76*, 87*, 88*, 95*, 107*, 118, 132, 139*, 140, 153*, 161*, 172*, 179, 182*, 192*, 199, 215, 222, 224*, 240*, 249*, 276, 291

persil 35, 38, 42, 43, 50, 57, 64, 65, 66, 69, 79, 86, 89, 96, 98, 105, 106, 109, 117, 125, 128, 132, 133, 141, 146, 147, 150, 151, 152, 157, 158, 159, 164, 175, 177, 180, 190, 192, 198, 207, 208, 209*, 213, 223, 226, 230, 231, 237, 239, 245, 247, 248, 255, 261, 264, 265, 267, 276, 278, 282, 283, 284, 286, 290, 296, 297, 299

pesto

à la tomate 25, 61

classique 25, 222, 236, 281, 296

d'artichaut 25

de framboises 25

vert 25, 124, 143, 247

petits pois 44, 56, 80, 105, 135*, 159, 175, 191, 223, 286

pieuvre 80, 299

pignons 35, 39*, 49, 51, 57, 61, 62, 63, 69, 74, 75, 78, 81, 84, 85, 89*, 93, 96*, 97, 103, 113, 132*, 135, 137, 140, 142, 143, 157, 158, 171, 188, 190, 202, 210, 213, 215, 220, 222, 226, 231, 229, 236, 241, 247, 250, 259, 264, 270, 271, 281, 284

piment 45, 64, 68, 73, 74, 76, 78*, 82, 88, 102, 104*, 108, 115, 145, 146, 147, 162, 179, 186, 200, 209, 228, 240, 243, 246, 251, 255, 266, 269, 288

pistaches 60, 114, 172, 177, 180, 187, 193, 214, 249, 256, 258, 282, 290

poire 122, 172, 178, 201, 220, 221, 230

pois chiches 42, 60*, 65, 66*, 86, 97*, 98, 99, 118*, 121, 130*, 170*, 177*, 179*, 188*, 189, 196, 199*, 265, 290

POISSON (RECETTES) 35, 38, 45, 47, 57, 66, 73, 76, 80, 86, 94, 99, 104, 109, 111, 119, 128, 133, 137, 142, 146, 151, 157, 158, 162, 170, 175, 185, 186, 197, 203, 205, 207, 211, 224, 226, 228, 237, 242, 251, 254, 259, 261, 263, 266, 273, 277, 284, 287, 289, 299

POISSON (VARIANTES) 72, 106, 116, 126, 134, 164, 184, 202, 206, 208, 209, 223, 229, 243, 248, 257, 271

poivron 40, 47*, 57, 61, 62, 63, 65, 66, 67, 68, 69, 82, 86, 87, 89, 97, 108, 110, 115, 126, 127, 148, 160, 161, 179*, 237, 261, 262, 272, 276, 277, 286, 287, 297

pomme 173, 192, 194, 199, 210, 216, 217, 294

pomme de terre 240, 254

nouvelle 43, 49, 113, 159, 181, 207, 208, 209, 223, 297, 299

poulet 41*, 43, 45*, 48, 49*, 63*, 68*, 69, 75, 77*, 80*, 82*, 83, 92, 102*, 108, 110*, 124, 144, 145*, 147*, 160, 164, 169*, 174*, 176*, 178, 183*, 188, 195, 196*, 200*, 218*, 219, 222*, 230*, 236*, 238*, 246*, 247*, 252, 253, 256*, 260*, 266*,

267, 272, 275*, 280, 283*, 288*, 293, 298*
pourpier 177
pousses de petits pois 249, 293
protéine 19
prune 103

Q

quartirolo lombardo 58*
quinoa 83, 87, 89, 92, 98, 108, 109, 116, 117, 135*, 152, 160, 180, 186, 203, 207, 212*, 239, 245, 248, 253, 260, 261, 285, 289

R

radis 157*, 202
raifort 202, 203*
raisins 36, 91*, 140, 141, 155*
  secs 63, 91*, 115, 184, 195, 202, 216, 220*, 235, 238, 287*
ricotta 65*, 105*, 139*, 191*, 214*
riz 183, 195, 205, 215, 273
  complet 44, 45, 66, 79, 102, 163, 219, 252, 272
  noir 195, 215, 286
  rouge 79, 119, 242
  sauvage 68, 79, 269
roquette 39, 43, 46, 48, 52, 55, 56, 61, 71, 75, 76, 84, 104, 110, 116, 141, 142, 153, 154, 158, 160, 161, 188, 196, 208, 226, 242, 228, 262, 266, 277, 280, 284, 287, 295, 298, 299

S

safran 80, 98, 159, 175, 242, 250, 293
SANS RÉGIME (RECETTES) 39, 40, 43, 48, 55, 58, 60, 64, 69, 75, 78, 83, 87, 92, 96, 105, 108, 118, 122, 131, 138, 144, 149, 152, 160, 163, 164, 168, 178, 181, 188, 191, 195, 198, 212, 219, 220, 225, 231, 234, 241, 244, 253, 267, 271, 276, 280, 285, 286, 290, 293, 296
SANS RÉGIME (VARIANTES) 41, 45, 49, 59, 63, 67, 68, 74, 77, 80, 82, 85, 86, 102, 110, 112, 124, 145, 147, 148, 156, 169, 174, 176, 183, 196, 200, 201, 204, 207, 208, 211, 218, 222, 230, 236, 238, 246, 247,

252, 254, 256, 259, 260, 265, 266, 268, 270, 275, 281, 283, 288, 298
sardine 106*, 197
sashimi 19
sauce
  à l'hoummos 27
  à la crème et aux épices 26
  à la moutarde anglaise 26
  à la moutarde forte 27
  au cari thaï 26
  au piment 24
  au sésame grillé 26
  au wasabi et au soja 24
  au zeste de citron 24
  aux agrumes 24
  aux fruits à coque et à l'agave 27, 37*, 71*, 156, 231*, 250, 267*
  aux fruits à coque et au citron 26, 125, 141, 154, 217*, 258, 278, 294
  aux pignons de pin 27, 279*
  de poisson thaïe 251
  italienne 24
  soya 110, 119, 200, 205, 251, 273
  tartare 27
  végétalienne à la noix de coco et au gingembre 26, 82
sauces 23-27
  façon pesto 25
  façon vinaigrette 24
saumon 38, 66, 94, 104, 106*, 116*, 158*, 170, 207, 208*, 248*, 261, 263, 272*, 273
scamorza 60, 65*, 150, 168
sésame
  graines de 41, 42, 47, 50*, 73, 94*, 110, 149, 150, 153, 156, 163*, 170, 200, 228, 242, 265, 274, 295, 298
  huile de 75, 110, 119, 205, 273
  sauce au sésame grillé 26
speck 59*, 138, 168
stilton 221*

T

tahini 98, 295
taleggio 190
tapenade 25, 134
thon 72*, 86, 99, 106*, 111, 133, 137, 164*, 206*, 209*, 211, 223*, 224, 228, 277

thym 113, 131, 148, 178, 188, 193, 199, 201, 216, 274
thym citron 144, 259
tofu 84*, 234*, 285*
tomate 25, 34, 35, 38, 39, 41, 42, 43, 48, 49, 51, 54, 60, 64, 73, 76, 77, 78, 79, 80, 83, 88, 93, 96, 99, 102, 106, 107, 109, 112, 124, 128, 129, 133, 135, 136, 147, 148, 152, 156, 157, 164, 209, 263*, 271*
  pesto à la tomate 25, 61
  séchées/à demi séchées 77, 85, 92, 94, 132, 135, 137, 145, 158, 168, 181*, 197*, 215, 240, 246, 259, 260, 264, 265, 268, 269, 270, 275, 280*, 299
topinambours 190
trévise 168, 169, 170, 184, 239, 264
truffe
  crème de truffe 182
  huile d'olive à la truffe 244, 278
  sauce aux truffes 24
truite 203, 223*
  fumée 203

U

ustensiles 29

V

VÉGÉTALISME (RECETTES) 41, 42, 44, 49, 51, 62, 65, 67, 68, 79, 85, 88, 95, 98, 102, 107, 110, 113, 116, 120, 121, 124, 134, 143, 147, 153, 159, 161, 165, 171, 174, 182, 189, 196, 200, 204, 206, 209, 213, 214, 218, 223, 239, 240, 249, 255, 256, 260, 265, 269, 270, 274, 282, 297, 298
VÉGÉTALISME (VARIANTES) 35, 36, 38, 43, 46, 48, 50, 54, 56, 64, 66, 69, 78, 83, 84, 89, 93, 94, 97, 99, 109, 111, 114, 117, 119, 123, 129, 130, 131, 132, 133, 135, 146, 150, 152, 160, 163, 170, 173, 175, 177, 179, 180, 181, 190, 193, 194, 195, 197, 199, 203, 205, 212, 215, 219, 225, 226, 234, 237, 241, 242, 245, 253, 261, 262, 264, 271, 276, 277, 285, 286, 291, 292, 295, 296
VÉGÉTARISME (RECETTES) 34, 37, 46, 50, 52, 56, 59, 61, 71, 81, 89,

91, 93, 103, 114, 115, 117, 123, 127, 129, 132, 140, 145, 150, 155, 158, 169, 173, 177, 179, 180, 183, 190, 193, 199, 201, 215, 217, 222, 236, 245, 246, 248, 252, 262, 271, 275, 279, 281, 291, 295

VÉGÉTARISME (VARIANTES)
42, 44, 53, 55, 58, 60, 65, 70, 76, 79, 87, 88, 90, 92, 95, 98, 105, 107, 113, 118, 121, 125, 128, 136, 138, 139, 141, 142, 143, 144, 153, 154, 159, 161, 165, 168, 171, 172, 178, 182,

186, 187, 189, 191, 192, 198, 210, 213, 214, 216, 221, 224, 227, 235, 239, 240, 244, 249, 250, 258, 268, 269, 273, 274, 278, 280, 282, 289, 290, 293, 294, 297, 299

W

wasabi 119, 273

Y

yogourt 37, 44*, 98*, 121*, 141*, 154*, 171*, 173, 189*, 216*, 227*, 235*, 258*, 294*

REMERCIEMENTS

Je remercie ma douce moitié Vera qui, en raison de son intérêt pour l'alimentation, s'est lancée dans ce pro
avec moi. Merci aussi à mon père qui est toujours très fier de moi et me soutient, bien qu'il déteste les sala
Je remercie aussi mon oncle et ma tante qui sont toujours là pour m'aider. Merci à toutes les personnes qui
toutes ces années, m'ont apporté leur aide affectueuse, ainsi qu'à celles qui se moquaient de mon projet fou
Je remercie aussi mes collègues de *Discovery*, en particulier Federico qui a goûté un grand nombre de mes
salades et Judy qui m'a toujours poussé à aller de l'avant. J'exprime ma gratitude à mes agents qui ont été
disponibles et se sont montrés pleins de ressources malgré un décalage de huit heures. Merci à Adrian et
aux jeunes femmes d'Esmerald Street sans lesquels ce livre n'aurait pas vu le jour.